ヤマサ社員のとっておきからプロの技まで！

ヤマサ公認

昆布ぽん酢の
おいしいレシピ

川上文代

はじめに

麺つゆやマヨネーズと並んで家庭の常備調味料となったぽん酢しょうゆ。

数あるぽん酢しょうゆの中でもヤマサの『昆布ぽん酢』は、

たっぷりの昆布だしが入っており、つけだれとしてはもちろん、

さまざまな料理のベースや隠し味として重宝するアイテムです。

いつもは鍋のつけだれとしてしか使わない、という方も、

ご家庭の定番メニューに昆布ぽん酢を活用してください。

「いろいろな調味料を入れてもなかなか味が決まらない」というときも、

昆布ぽん酢があればきっと解決。

料理の味を豊かにしてくれます。

また、脂っこくなりがちなメニューもさっぱり味に仕上げてくれるほか、

塩分控えめに作れるところもうれしいポイントです。

とっても便利な『昆布ぽん酢』を活用して、

いつもの料理をもっと手早く、もっとおいしく楽しみましょう。

本書の見方
- レシピは基本的に2人分です。
- 大さじ1＝15cc(15㎖)、小さじ1＝5cc(5㎖)、1カップ＝200cc(200㎖)で計量しています。
- 食材をゆでる際の水は、基本的に分量外です。
- 炊飯や乾物の水戻しのための漬けこみ時間は、調理時間に含まれません。
- 水溶き片栗粉の分量は、片栗粉と水を1:1で混ぜたものです。

昆布ぽん酢のおいしいレシピ
CONTENTS

- 02 はじめに
- 06 昆布ぽん酢 美味しさのヒミツ
- 08 ヤマサ社員が教える 私だけのとっておき！
- 10 昆布ぽん酢を10倍楽しむ「たとえばこんな使い方」
- 126 食材別 INDEX

第1章 豪華なのにとってもカンタン！
昆布ぽん酢のサラダ・マリネ・和え物

- 16 野菜とスズキの昆布ぽん酢〆マリネ
- 18 すりリンゴぽん酢のスモークサーモンサラダ
- 20 ミックスビーンズサラダ
- 21 バジルぽん酢ジュレのカプレーゼ風
- 22 エビともやしのサラダ
- 24 魚介のカルパッチョ
- 26 里芋のねばねばポテトサラダ
- 27 柚子こしょうのにんじんサラダ
- 28 イカのエスカベーシュ
- 30 バンバンジーのごまぽんだれ
- 32 和風ピクルス
- 33 タコときゅうりの和え物
- 34 チャーシューとクラゲの中華和え
- 36 ごぼうと鶏のマヨぽん和え

第2章 スープ、お鍋も味が決まる！
昆布ぽん酢の煮込み料理

- 38 和風ロールキャベツ
- 40 鶏ひき肉団子鍋
- 42 すき焼き
- 44 スープ餃子
- 45 ホルモンの煮込み
- 46 鶏手羽元と大根の煮込み
- 48 さっぱりスペアリブ煮込み
- 50 トマト風味の豚の角煮
- 52 ピリ辛チゲ
- 54 サンラータン
- 55 つみれ汁
- 56 さっぱり肉じゃが
- 58 和風ラタトゥイユ
- 60 五目豆

第3章 昆布ぽん酢で人気おかず
肉も野菜もさっぱり、ヘルシー

- 62 魚介のグラタン
- 64 焼肉＆グリル野菜
- 66 豚肉のしょうが焼き
- 67 輪切りパプリカの肉詰め焼き
- 68 オイルサーディンとトマトの卵とじ
- 69 なすの肉みそ炒め
- 70 カレイのぽん酢煮
- 72 水菜の牛肉巻き焼き
- 74 サーモンのソテー
- 76 カラフル野菜の巣ごもり仕立て
- 78 ゴーヤチャンプルー
- 80 トマトたっぷり油淋鶏
- 82 ひじきの煮物
- 83 切干大根のカレー煮物
- 84 チンジャオロース

第4章 昆布ぽん酢で絶品おつまみ
酒の肴にぴったり

- 86 レバーソテー
- 88 マグロの山かけ
- 89 煮こごり
- 90 エビとマッシュルームのぽん酢アヒージョ
- 92 アサリとえのきとドライトマトの酒蒸し
- 94 ツナのディップ
- 95 かまぼことわさび漬けのぽん酢がけ
- 96 ホタテとチンゲン菜の磯辺和え
- 98 白和え
- 99 桜エビ入り卵焼き
- 100 じゃことオクラの冷奴の土佐酢がけ
- 101 雷こんにゃくのピリ辛
- 102 松前漬け
- 104 納豆イカそうめん

第5章 昆布ぽん酢のごはん、麺
どんぶりにもパスタにも

- 106 さっぱり天丼
- 108 炊き込みごはん
- 110 鯛めし
- 112 アボカドトマト丼
- 114 イクラと卵と鮭チーズの三色丼
- 116 タラコスパゲティ
- 117 きのこの和風スパゲティ
- 118 サンマの蒲焼丼
- 119 焼うどん
- 120 さっぱりカレーライス
- 122 天津飯のぽん酢あん
- 123 豚しゃぶそうめん
- 124 石焼きビビンパ

昆布ぽん酢 おいしさのヒミツ

昆布だしの風味とまろやかな口当たりで大人気！
今や鍋料理だけでなく、あらゆる料理に使える万能調味料として、
幅広く愛用されているヤマサの昆布ぽん酢。
そのおいしさのヒミツをご紹介します。

取材協力／ヤマサ醤油株式会社

---

1 昆布だしを贅沢に使用 だから味が薄まりにくい

昆布ぽん酢の最大の特徴は、その名のとおり昆布だしがふんだんに使われていること。昆布だしは味の伸びがよく、ほかの素材の香味を損なわないので、柑橘果汁やしょうゆの香味をそのままに、ぽん酢しょうゆのおいしさだけが倍増します。また、だしの力で酸味や塩味のカドがなくなり、口当たりがとてもまろやかになります。だから、たっぷりかけてもツンとこず、スープでつけだれが薄まりやすいお鍋（水炊き）も、おいしさが長続きします。

開発者に聞く

昆布ぽん酢の素朴な疑問

「なぜこれが材料に？」など、
昆布ぽん酢にまつわるちょっとした
ギモンを開発者にインタビュー。
意外な事実も明らかに。

 昆布ぽん酢の成分表示に書かれている「寒天」は何のために入っていますか？

 これは果汁成分をビンの下部に沈めるためのもので、ヤマサの特許製法です。果汁に含まれる風味豊かな精油成分をそのままぽん酢に入れてしまうと、成分が浮かんで固まったり、容器にこびりついたり、振ってもよく混ざらなかったりします。昆布ぽん酢は、精油成分を取り除かずに沈めることで、固まりやこびりつきを防ぎ、風味豊かな果汁本来の香りを大切にしています。

2 しょうゆメーカーだから しょうゆへのこだわりが違う

昆布ぽん酢の基本的な成分は、しょうゆ、昆布だし、酢、柑橘果汁。その美味しさの鍵をにぎるしょうゆの質にも、ヤマサはとことんこだわっています。その理由は、長い歴史を誇る老舗しょうゆ屋としてのプライド。しょうゆを熟知しており、ぽん酢によく合うしょうゆを選んで配合しているのです。その種類や配合はもちろんヒミツ。昆布ぽん酢は、しょうゆのプロのこだわりが込められた逸品なのです。

---

3 ヤマサ独自の黄金比で どんな料理にも相性抜群！

昆布ぽん酢は和・洋・中どんな料理とも相性抜群。そのヒミツはしょうゆ、昆布だし、酢、柑橘果汁の黄金比で、「料理の味が決まる」と主婦だけではなく料理人にも大好評。さっぱり風味なのにコクがあるので、だししょうゆやソース、ドレッシングの代わりとしてはもちろん、煮込み料理の隠し味にも最適です。

Q ぽん酢は体によいと聞きますが、本当ですか？

A よく耳にしますが、残念ながら科学的な根拠はありません。ただ、「熱帯夜が続くとぽん酢が売れる」という現象があります。これも科学的な根拠はなく、憶測ですが、暑いと酸っぱいものやさっぱりとしたものを体が求めるからかもしれませんね。

Q 「昆布ぽん酢スーパーマイルド」は昆布ぽん酢と何が違うのですか？

A うまみはそのままで、酸味をやわらかく、よりやさしい味わいに仕上げています。普通の昆布ぽん酢もまろやかですが、酸味が苦手なお子様や男性に向けて開発した商品です。いま人気急上昇中です。

ヤマサ社員が教える私だけのとっておき！

ヤマサ社員は昆布ぽん酢の達人ばかり。
定番の使い方はもちろん、いつものお料理にひと手間加えて、
自分流に昆布ぽん酢を楽しんでいます。
そんな昆布ぽん酢を愛する彼らの使い方をご紹介します！

昆布ぽん酢にわさびとマヨネーズを入れてかき混ぜ、たこ焼きをつけて食べます。ピリ辛・コク・さっぱりの3拍子が揃っておすすめです。

企画室　松澤さん

塩こしょうで下味をつけた野菜を炒め、昆布ぽん酢で味つけするとさっぱりした野菜炒めになります。昆布ぽん酢なら酸っぱくならないので、炒めものにぴったり！

札幌支店　関根さん

鶏のもも肉を昆布ぽん酢とすりおろしにんにくに漬けこみ、オーブンで焼きます。最後に柚子こしょうを塗って食べるとおいしい！

仙台支店　阿由葉さん

水と昆布ぽん酢を半々くらいにして、ツナ缶など家にある残りものを入れて炊飯器で炊くだけで、手間いらずのB級炊き込みごはんの出来上がり。

静岡支店　山崎さん

昆布ぽん酢とオリーブオイル、ブラックペッパーを合わせたものを冷製パスタにからめ、トマトや水菜、ツナをトッピングすれば、サラダ風冷製パスタの完成です。

宣伝広報室　大鹿さん

ごま油をひいたフライパンで厚揚げを焼きます。そしてすりおろししょうがと青ねぎをのせて昆布ぽん酢をかける食べ方がおすすめです！

製品開発室　前田さん

青ねぎをたっぷり入れて焼いた「ねぎ焼き」に、昆布ぽん酢をかけると最高においしいです。干しエビをいれても◎

量販2課　松本さん（奥様）

ヤマサ社員がよく使う
昆布ぽん酢
定番メニュー
\ Best 3 /

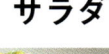
サラダ

昆布ぽん酢は野菜との相性バッチリ！そのままかけたり、オリーブオイルと混ぜてドレッシングにしたりして使っているようです。

鍋料理

水炊きはもちろん、しゃぶしゃぶでも大活躍。昆布のうまみが効いているので、鍋料理でも味が薄まりにくいのが魅力ですね。

餃子

昆布ぽん酢１本で、おしょうゆとお酢の代わりとなるので手間いらず。焼き餃子にも水餃子にもおすすめです。

札幌支店
中嶋さん

昆布ぽん酢とラー油を混ぜると、なすの煮びたしや唐揚げ、サラダと相性抜群です。

ヤマサ U.S.A.
嶋田さん

生のもずくを食べたいだけ小鉢に入れて、昆布ぽん酢をかけるだけ！ちょっとわさびを添えると、健康的なお酒のおつまみになります。

きゅうりを昆布ぽん酢に数分漬けてごはんにのせれば、「ぽん酢きゅうり丼」の出来上がり！

大阪支店
深野さん

もやしとにらをバターで炒め、昆布ぽん酢をかけるだけ。超カンタンでお酒のつまみに最高！

商品開発室
湯本さん

2：1で合わせた昆布ぽん酢とオリーブオイルに、スライストマトを30分ほど漬けてお皿に並べて、モッツァレラチーズをのせるとお洒落でおいしいですよ！

札幌支店
野中さん

ほかにもまだまだ

唐辛子を入れた昆布ぽん酢にうすくスライスした大根を10分ほど漬けこむと、味が浸透して浅漬け風になりますよ。

余った大根の皮を5cm長さの細切りにし、昆布ぽん酢に約3時間漬けこんだあと、液を切るだけ。お酒の肴にも、箸休めの1品としてもおすすめです。

昆布ぽん酢＋みりん＋酒＋水に、だしパックと豚肉のかたまりを入れてことこと煮込みます。肉はチャーシューに、煮汁はつけ麺のつけ汁にするとおいしいです。

オクラの豚バラチン！
① へたを取ったオクラを芯にして大葉と豚バラを巻く
② 耐熱皿に並べ、ふんわりとラップをかけて600ｗの電子レンジで6分チン！
③ アツアツのうちに昆布ぽん酢をかけていただく、手軽でおいしいわが家の定番です。

昆布ぽん酢にオリーブオイルを混ぜ、カルパッチョのソースとしてかけると絶品！

みょうがの季節に昆布ぽん酢を入れた炊き込みごはんを作ります。とっても美味。

かけるだけじゃもったいない！
昆布ぽん酢を10倍楽しむ
「たとえばこんな使い方」

昆布ぽん酢はそのままサラダや料理にかけるだけでもおいしくいただけますが、
調味料や食材と組み合わせたり、煮たり焼いたりなどの応用を加えると、
おいしさの可能性がどんどん広がります。
ここでは本書に掲載されているレシピの中から、
ぜひ試してみたい昆布ぽん酢の使い方をご紹介いたします。

昆布ぽん酢 ＋ **調味料**

マヨネーズ

**強い酸味の角が取れて
マイルドな風味に**

マヨネーズと昆布ぽん酢を合わせると、マヨネーズの酸味のカドが取れ、こってりしすぎずまろやかな口当たりに。和え物やサラダにおすすめです。

たとえば
ごぼうと鶏の
マヨぽん和え → P.36

ケチャップ

**昆布のうまみが
トマト味によく合う**

ケチャップだけではなんだかもの足りない、というときに昆布ぽん酢と混ぜて使うと、昆布のうまみが加わって、コクに深みが増します。

たとえば
トマト風味の
豚の角煮 → P.50

オリーブ油

柑橘とオリーブの香りでなめらかで上品な味わい

オリーブ油と昆布ぽん酢のマリアージュ。ドレッシングとしても、隠し味としても、それぞれの香りがよりいっそう際立ちます。

野菜とスズキの昆布ぽん酢〆マリネ → P.16

ごま油

スタミナ料理もさっぱり風味に変身

ごま油をたっぷり使った料理はおいしいけれど、ちょっともたれるというとき、昆布ぽん酢を混ぜて使えば、口当たりがさわやかになります。

チャーシューとクラゲの中華和え → P.34

オイスターソース

うまみの相乗効果で高級感のある味わいに

オイスターソースと昆布ぽん酢は、どちらも海の幸のうまみが詰まっており、味がぶつからず、うまみが倍増する無敵の組み合わせです。

水菜の牛肉巻き焼き → P.72

 昆布ぽん酢 ＋ 調理法

煮る

たとえば

スープや鍋に少し加えるだけで味にしまりが出ます

難易度の高いサンラータンや肉じゃが、角煮などの煮込み料理などでも、昆布ぽん酢を使うことで簡単に風味豊かに仕上がります。

さっぱり肉じゃが → P.56

炒める

たとえば

ベタっとしやすい炒め物もさっぱりヘルシーな味わいに

炒め物の味つけに昆布ぽん酢を使うだけで、一気に味が引き立ちます。油でベタっとしてしまうことなく、口当たりがさっぱりします。

ゴーヤチャンプルー → P.78

焼く

たとえば

焼くだけ料理も昆布ぽん酢で簡単に味つけ

昆布のうまみ成分のグルタミン酸は、動物性のうまみ成分と相性抜群。肉を焼くときに使えば、料理のおいしさが倍増します。

豚肉のしょうが焼き → P.66

炊く

たとえば

鯛めし → P.110

**昆布ぽん酢を加えて炊くだけで
料亭の炊き込みごはんに！**

昆布ぽん酢で炒めたり焼いたりしたことはあっても、炊いたことはないという人も多いはず。おうちで料亭の炊き込みごはんの味が作れます。

固める

たとえば

煮こごり → P.89

**昆布ぽん酢とゼラチンの出会いが
料理の可能性を広げます**

昆布ぽん酢とゼラチンを合わせれば、柑橘の香りが楽しめるジュレや煮こごりなど、パーティーで自慢できる本格料理が簡単に作れます。

漬ける

たとえば

和風ピクルス → P.32

**昆布ぽん酢と＋αで
漬けものもマリネもラクラク**

薬味やオリーブ油と昆布ぽん酢があれば、漬け汁もマリネ液もすぐに完成。お酢の酸味と昆布のうまみが素材にしっかりと染みこみます。

 昆布ぽん酢 ＋ 意外な食材

パスタ

昆布ぽん酢が麺によくからむ意外な組み合わせ

残りものの食材とパスタがあれば、昆布ぽん酢で簡単に和風パスタが作れます。味つけも簡単で麺によくからむ、相性のよい組み合わせです。

たとえば きのこの和風スパゲティ → P.117

リンゴ

リンゴの甘さと昆布ぽん酢の酸味が斬新なハーモニーを奏でます

すりおろしたリンゴと昆布ぽん酢を合わせてドレッシングにすれば、甘みが加わりフルーティーに。ちょっとおしゃれな味わいに変身します。

たとえば すりリンゴぽん酢のスモークサーモンサラダ → P.18

キムチ

酸っぱくて辛いキムチに昆布のうまみがプラス

キムチと昆布ぽん酢でチゲを作ると、昆布のうまみでキムチの酸味のカドが取れてマイルドに。昆布のうまみも加わるので、スープのコクも増します。

たとえば ピリ辛チゲ → P.52

> 豪華なのにとってもカンタン!

第 **1** 章

昆布ぽん酢の
サラダ・マリネ・和え物

昆布ぽん酢にほんのひと手間加えるだけで、
ちょっと豪華で本格的な
サラダやマリネ、和え物のできあがり。
昆布ぽん酢があれば、ドレッシングもマリネ液も簡単に作れます。

野菜とスズキの昆布ぽん酢〆マリネ

調理時間 40分

白身魚に昆布のうまみをプラス。
香りもすがすがしい昆布〆風マリネ

材料（2人分）

- スズキ（刺身用）…120g
- セロリ…1/4本
- にんにく…1片
- A
  - レモンの絞り汁…大さじ2
  - 昆布ぽん酢…大さじ3
  - 塩…小さじ1/2
  - こしょう…少々
- オリーブ油…大さじ4
- 唐辛子…1本
- 塩…少々
- こしょう…少々
- プチトマト（赤・黄）…各2個
- サニーレタス…3枚
- チャービル…2枝
- ラディッシュ…2個

作り方

1. セロリとにんにくはスライスしてボウルに入れる。Aを加えて泡だて器で混ぜ、オリーブ油を入れながらさらに混ぜて唐辛子を加え、マリネ液を作る。

2. スズキに塩、こしょうをし、1/3量のマリネ液を全体にまぶしてラップをかけ、冷蔵庫で30分置く。

3. プチトマトは3mm厚さの輪切り、ラディッシュはスライス、サニーレタスはひと口大にちぎり、冷水につけてシャキッとさせてから水分を切る。チャービルは葉先をつむ。

4. ②を3mm厚さのそぎ切りにして、1/3量のマリネ液と和える。残りのマリネ液と③を和えてサラダを作り、スズキとともに、彩りよく皿に盛る。

すりリンゴぽん酢の
スモークサーモンサラダ

昆布ぽん酢の酸味とリンゴの甘みが
サーモンと玉ねぎによく合います

調理時間
15分

材料（2人分）

スモークサーモン（スライス）…16枚
玉ねぎ…1/2個
クレソン…1/2束
リンゴ…1/2個
昆布ぽん酢…大さじ3

作り方

1 玉ねぎは、繊維に対して垂直に薄く切り、水に約10分漬ける。シャキッとしたら水分を切る。

2 クレソンは3cm長さに切る。スモークサーモンは軽く巻いておく。

3 リンゴは皮ごとすりおろし、昆布ぽん酢と混ぜ、すりリンゴぽん酢を作る。

4 皿に玉ねぎをこんもり盛り、その上にクレソンを飾る。その周囲に巻いたスモークサーモンをのせて、③をかける。

調理時間 15分

ミックスビーンズサラダ

ぽん酢入りのハニーマスタードソースが
オリーブオイルとミックスビーンズの甘みを引き立てます

材料（2人分）

- ミックスビーンズ（水煮）…150g
- セロリ…40g
- トマト（小）…1個
- オリーブ水煮（グリーン・ブラック）…各4個
- A
  - はちみつ…小さじ1
  - 昆布ぽん酢…大さじ3
  - 粒マスタード…小さじ1
- オリーブ油…大さじ1

作り方

1. セロリは筋を軽く取り1cm角に切る。トマトはへたを取り1cm角に切る。
2. ボウルにAを入れて泡だて器で混ぜ、オリーブ油を少しずつ加えながら混ぜる。
3. ②にミックスビーンズを入れて混ぜ、味がなじんだら、オリーブとトマトを加える。

第1章 昆布ぽん酢のサラダ・マリネ・和え物

バジルぽん酢ジュレの
カプレーゼ風

調理時間
25分

トマトとバジルとの相性抜群！
ジュレ仕立てで見た目も華やか

材料（2人分）

モッツァレラチーズ…1個（125g）
トマト…1個
粉ゼラチン…3g
昆布ぽん酢…大さじ3
バジルの葉（みじん切り）…2枚分
オリーブ油…小さじ1
バジルの葉（飾り用）…2枚

作り方

1. モッツァレラチーズとトマトは、5mm厚さの輪切りにする。

2. 大さじ2の水（材料外）に粉ゼラチンを加え混ぜ10分置き、ラップをして600Wの電子レンジで15秒加熱し、ゼラチンを溶かす。昆布ぽん酢、バジルのみじん切りと混ぜ、氷水をあてて冷やして固める。

3. 皿にチーズとトマトを交互に並べ、ほぐした②とオリーブ油をかけ、バジルを飾る。

エビともやしのサラダ

調理時間 **20**分

ナンプラーの香りも昆布ぽん酢でマイルドに！
食感も楽しいアジアンサラダ

材料（2人分）

エビ…8尾	昆布ぽん酢…大さじ3
もやし…100g	ナンプラー…小さじ1
棒寒天…1/2本	A 唐辛子（輪切り）…1/2本分
香菜…1/4株	レモン汁…小さじ1
	砂糖…小さじ1/2
	オリーブ油…小さじ1

作り方

1. 棒寒天は、かぶるくらいの水に10分漬けてもどし、水分を絞って3mm幅の細切りにする。
2. エビは竹串で背ワタを取り、塩ゆでして殻をむく。
3. 香菜は2cm長さに切る。もやしはひげ根を取り、1分塩ゆでしてざるに広げ、あおいで冷ます。
4. ボウルにAを入れて混ぜ、エビ、もやし、寒天を加えて和える。香菜を加えて器に盛る。

第1章 昆布ぽん酢のサラダ・マリネ・和え物

魚介のカルパッチョ

調理時間 **20**分

ホームパーティーでも大活躍!
目にも華やかな鯛とマグロのカルパッチョ

材料（2人分）

<鯛のカルパッチョ>
鯛（刺身用）…80g
グレープフルーツ…1/2個

A
| 昆布ぽん酢…小さじ1
| レモン汁…小さじ1
| オリーブ油…大さじ2
| 塩…少々
| こしょう…少々

ピンクペッパー・チャービル…適宜

<マグロのカルパッチョ>
マグロ（刺身用）…80g
昆布ぽん酢…大さじ1

B
| ねりわさび…小さじ1/2
| しょうゆ…小さじ1/2
| マヨネーズ…大さじ2

ピクルス（みじん切り）…大さじ1

作り方

1 鯛のカルパッチョを作る。鯛は3mm厚さのそぎ切りにして皿に並べ、塩、こしょうを振る。

2 Aを容器に入れて泡立て器で混ぜ、ドレッシングを作る。

3 グレープフルーツは果肉を1cm角に切る。

4 ①に②を塗り、③を乗せ、ピンクペッパーとチャービルを飾る。

5 マグロのカルパッチョを作る。マグロは3mm厚さに切って皿に並べ、昆布ぽん酢を塗る。

6 Bを混ぜ、ビニール袋などに入れて角を少し切り、マグロの上に絞ってピクルスを散らす。

里芋のねばねばポテトサラダ

調理時間 **30分**

ぽん酢入りの軽やかなマヨソースが決め手。
里芋の超濃厚ポテトサラダ

材料（2人分）

里芋…300g
玉ねぎ…1/4個
きゅうり…1/2本
ゆで卵…1個
ハム…2枚
マヨネーズ…大さじ2
昆布ぽん酢…大さじ2
塩…少々
こしょう…少々

作り方

1. 里芋は皮をむいてゆで、水分を切って熱いうちに潰して粗熱を取る。
2. 玉ねぎは、薄切りにして水にさらす。きゅうりは小口切りにして塩をまぶし、しんなりしたら水分を絞る。ゆで卵は1cm角に切る。ハムは短冊に切る。
3. 里芋、マヨネーズ、昆布ぽん酢、こしょうを混ぜ、②を加えて混ぜる。
4. 器に盛り、こしょうを散らす。

第1章 昆布ぽん酢のサラダ・マリネ・和え物

柚子こしょうのにんじんサラダ

調理時間 20分

柚子こしょうと昆布ぽん酢で
にんじんの味がキリッと引き締まります

材料（2人分）

にんじん…1本
塩…少々
サラミ…20g
昆布ぽん酢…大さじ2
柚子こしょう…小さじ1/2
ピーナッツオイル…小さじ2
ミックスナッツ（粗切り）…大さじ2
イタリアンパセリ…適量

作り方

1. にんじんは千切りにし、塩をまぶして10分置き、しんなりしたら水分を絞る。サラミは千切りにする。
2. ①に昆布ぽん酢と柚子こしょう、ピーナッツオイルを混ぜ、味をなじませてからミックスナッツを加える。
3. 器に盛り、イタリアンパセリを飾る。

第1章 昆布ぽん酢のサラダ・マリネ・和え物

イカのエスカベーシュ

調理時間 **40分**

昆布ぽん酢に漬けるだけでOK！
超お手軽エスカベーシュ

材料（2人分）

モンゴウイカ…120g
玉ねぎ…1/4個
にんじん…30g
セロリ…15g
プチトマト（赤・黄）…各2個
ディル…1枝
塩…小さじ1/4
こしょう…少々
小麦粉…適量
揚げ油…適量
オリーブ油…大さじ1
白ワイン…大さじ2
昆布ぽん酢…大さじ3

作り方

1 イカは、かの子に細かく切り込みを入れ、棒状に切る。

2 玉ねぎ、にんじん、セロリは4cm長さの細切りにする。プチトマトはへたを取り、4つ割りにする。ディルは葉を1cm長さに切る。

3 イカに塩、こしょう、小麦粉をまぶし、180℃の油で揚げる。

4 鍋にオリーブ油を熱し、玉ねぎ、にんじん、セロリをじっくりと炒め、白ワインを加えてアルコール分を飛ばす。

5 昆布ぽん酢、③を加えてボウルに移し、プチトマトを加えてしばらく味をなじませる。

6 ディルを混ぜて器に盛る。

バンバンジーの
ごまぽんだれ

調理時間 **30分**

クリーミーなねりごま入りのぽん酢だれと
ピーナッツの粒々食感が楽しいバンバンジー

材料（2人分）

鶏もも肉…1枚	白ねりごま…大さじ2
長ねぎ（青い部分）…1本分	昆布ぽん酢…大さじ2
しょうが（皮）…適量	ラー油…小さじ1/3
酒…大さじ2	長ねぎ（みじん切り）…大さじ2
ピーナッツ…大さじ2	しょうが（みじん切り）…小さじ1
トマト…1個	
きゅうり…1/2本	
もやし…70g	

作り方

1. 鶏もも肉は、長ねぎの青い部分、しょうがの皮、酒をまぶし、耐熱皿に入れ、ラップをして600Wの電子レンジで約3分加熱する。火が通ったのを確認し、粗熱が取れたら3mm幅に切る。

2. ピーナッツはトースターでこんがり焼いて、粗く切る。トマトは2mm厚さの半月切りにする。きゅうりは千切りにする。もやしはひげ根を取り、1分塩ゆでしてざるに広げ、あおいで冷ます。

3. ねりごまを昆布ぽん酢で溶きのばし、ラー油と長ねぎ、しょうがを加えてたれを作る。

4. 皿に②で切った野菜を並べて鶏もも肉をのせ、③をかけてピーナッツを散らす。

第1章 昆布ぽん酢のサラダ・マリネ・和え物

和風ピクルス

調理時間 40分

昆布のうまみがしっかり染みて◎。
そのままでも、ごはんのお供にもぴったり

材料（2人分）

大根…150g
きゅうり…1本
にんじん…80g
みょうが…2本

A
| 昆布ぽん酢…150cc
| 粉山椒…小さじ1/4
| 水…大さじ4
| はちみつ…大さじ1

作り方

1 大根、にんじんは皮をむき、乱切りにする。きゅうりはへたを落とし、いぼを包丁の峰でこすり落とし、洗って乱切りにする。みょうがはタテ半分に切る。

2 Aを鍋に入れて沸かし、①を加えて沸騰したら火を止め、そのまま30分以上置く。

タコときゅうりの和え物

さっぱりぽん酢と薬味の香味が
タコときゅうりによくなじむ

調理時間 15分

材料（2人分）

- ゆでタコ…80g
- わかめ（塩蔵）…40g
- きゅうり…2本
- しょうが（みじん切り）…小さじ1
- みょうが（みじん切り）…1本分
- 長ねぎ（みじん切り）…大さじ1
- 昆布ぽん酢…大さじ3

作り方

1. ゆでタコは、5mm厚さに切る。わかめは水につけて塩抜きし、水分を絞り、ひと口大に切る。きゅうりは蛇腹切りにして立て塩につけ、しんなりしたら軽く洗って塩分を抜き水分を絞る。
2. しょうが、みょうが、長ねぎを昆布ぽん酢と混ぜる。
3. 器に①を盛り、②をかける。

第1章 昆布ぽん酢のサラダ・マリネ・和え物

チャーシューとクラゲの中華和え

昆布ぽん酢とごまの香りが
具材のうまみを引き立てます

調理時間
15分

材料（2人分）

クラゲ（塩漬け）…80g
セロリ…80g
チャーシュー（市販）…50g
ドライアプリコット（あんず）…半割り4個

A
- 煎りごま…小さじ1
- 昆布ぽん酢…大さじ2
- ごま油…小さじ1
- こしょう…少々

作り方

1. クラゲは、水にさらして塩分を抜き、水気を切る。セロリ、チャーシュー、アプリコットは、細切りにする。
2. Aを混ぜ合わせ、①と和える。

第1章 昆布ぽん酢のサラダ・マリネ・和え物

ごぼうと鶏のマヨぽん和え

調理時間 **25分**

マヨネーズと昆布ぽん酢の合わせ技で
ごぼうも鶏もまろやかしっとり

材料（2人分）

- ごぼう…1/2本
- 赤パプリカ…1/4個
- 鶏むね肉…100g
- 塩…少々
- こしょう…少々
- 酒…大さじ2
- A
  - マヨネーズ…大さじ2
  - 昆布ぽん酢…大さじ2
- 七味唐辛子…適宜

作り方

1. ごぼうはたわしで洗い、笹がきにして、水に漬けてあくを抜く。パプリカはスライスする。鶏むね肉は、塩、こしょうをまぶして耐熱皿にのせて酒をふりかけ、600Wの電子レンジにかけ2分30秒加熱する。粗熱が取れたら皮を取り、繊維に沿って手でほぐす。
2. ボウルにAを混ぜ、①と和える。
3. 器に盛り、お好みで七味唐辛子を散らす。

第 2 章

スープ、お鍋も味が決まる！

昆布ぽん酢の煮込み料理

お鍋はもちろん、洋風スープやお肉を煮るときにも
昆布ぽん酢を使うと味が簡単に決まります。
昆布のうまみと柑橘のさわやかさで
コクがあるのにさっぱりと仕上がるのもうれしいポイントです。

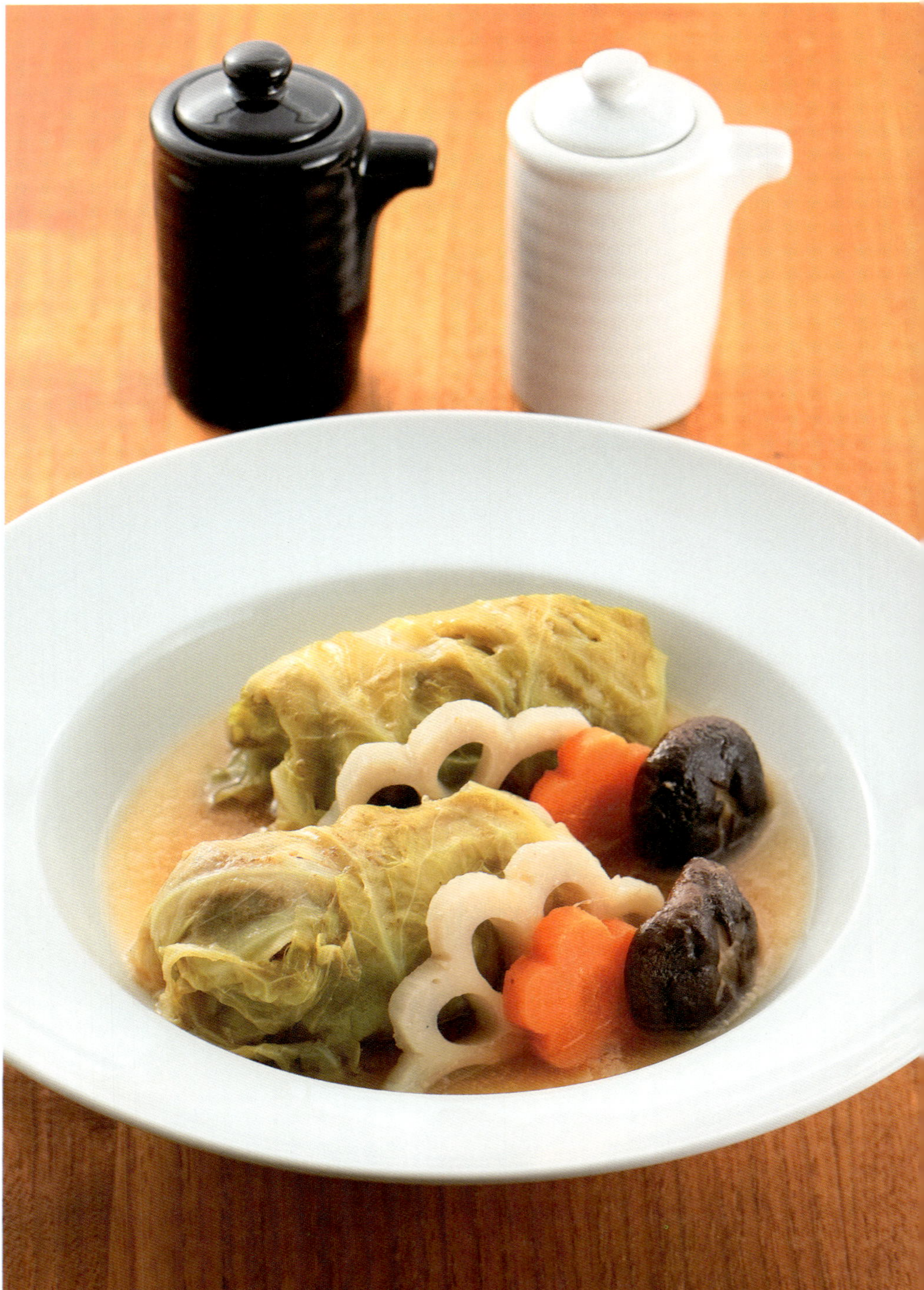

和風ロールキャベツ

調理時間 **40分**

スープだけじゃない！ 昆布ぽん酢で
肉ダネがつみれのような味わいに

材料（2人分）

キャベツ…4枚

A
- 豚ひき肉…200g
- 長ねぎ（みじん切り）…大さじ1
- しょうが（みじん切り）…小さじ1
- みりん…小さじ1

れんこん…2cm分
にんじん…4cm分
しいたけ…4枚

B
- だし汁…3カップ
- 酒…大さじ1
- みりん…大さじ1
- 昆布ぽん酢…大さじ4

作り方

1 キャベツは、600Wの電子レンジに約2分かけて、巻けるくらいに火を通す。

2 ボウルにAを混ぜ合わせる。

3 れんこんは皮をむき、飾り包丁を入れ花切りれんこんにして、1cm幅の半月切りにする。にんじんは1cm幅に輪切りにして、梅の抜型で抜く。しいたけは軸を切り、飾り包丁を入れる。

4 キャベツの手前に4等分した②をのせ、ひと巻きして片側を折って巻き、もう片側は、巻いたキャベツの中心に入れ込み、ほどけないようにする。残り3個も同様に巻く。

5 鍋にBを入れて沸かし、ロールキャベツを並べる。れんこんとにんじんを加えて約20分火を通したら、しいたけを加えて5分煮る。

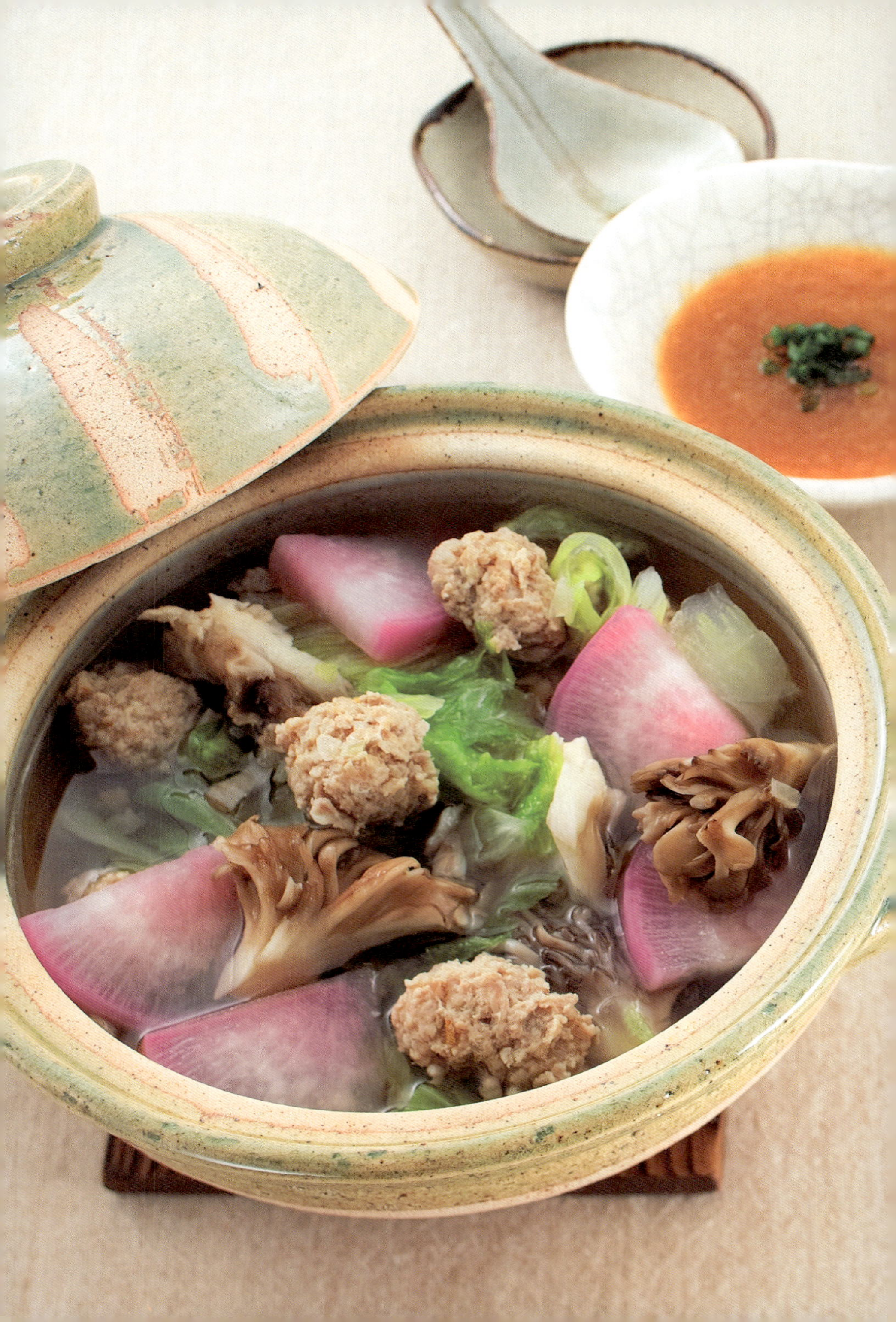

第2章 昆布ぽん酢の煮込み料理

鶏ひき肉団子鍋

鶏団子にもつけだれにも、昆布ぽん酢の
だしの豊かなうまみがたっぷり

調理時間 **30**分

材料（2人分）

A
- 鶏ひき肉…120g
- 玉ねぎ（みじん切り）…30g
- ゆずの皮（みじん切り）…小さじ1/2
- 酒…小さじ1
- 昆布ぽん酢…小さじ2

昆布だし…3カップ
紅大根…100g
まいたけ…1パック
白菜…150g

B
- 青ねぎ（小口切り）…大さじ1
- 大根おろし…100g
- 昆布ぽん酢…大さじ5

作り方

1. Aを混ぜ合わせる。
2. 紅大根はいちょう切りに、まいたけは大き目にほぐし、白菜は4mm角に切る。
3. 鍋に昆布だしを沸かし、紅大根、まいたけ、白菜を加える。沸騰したら①を直径3cmの団子状に丸めながら鍋に入れる。
4. Bを合わせてつけだれを作り、③に火が通ったら、つけだれに付けていただく。

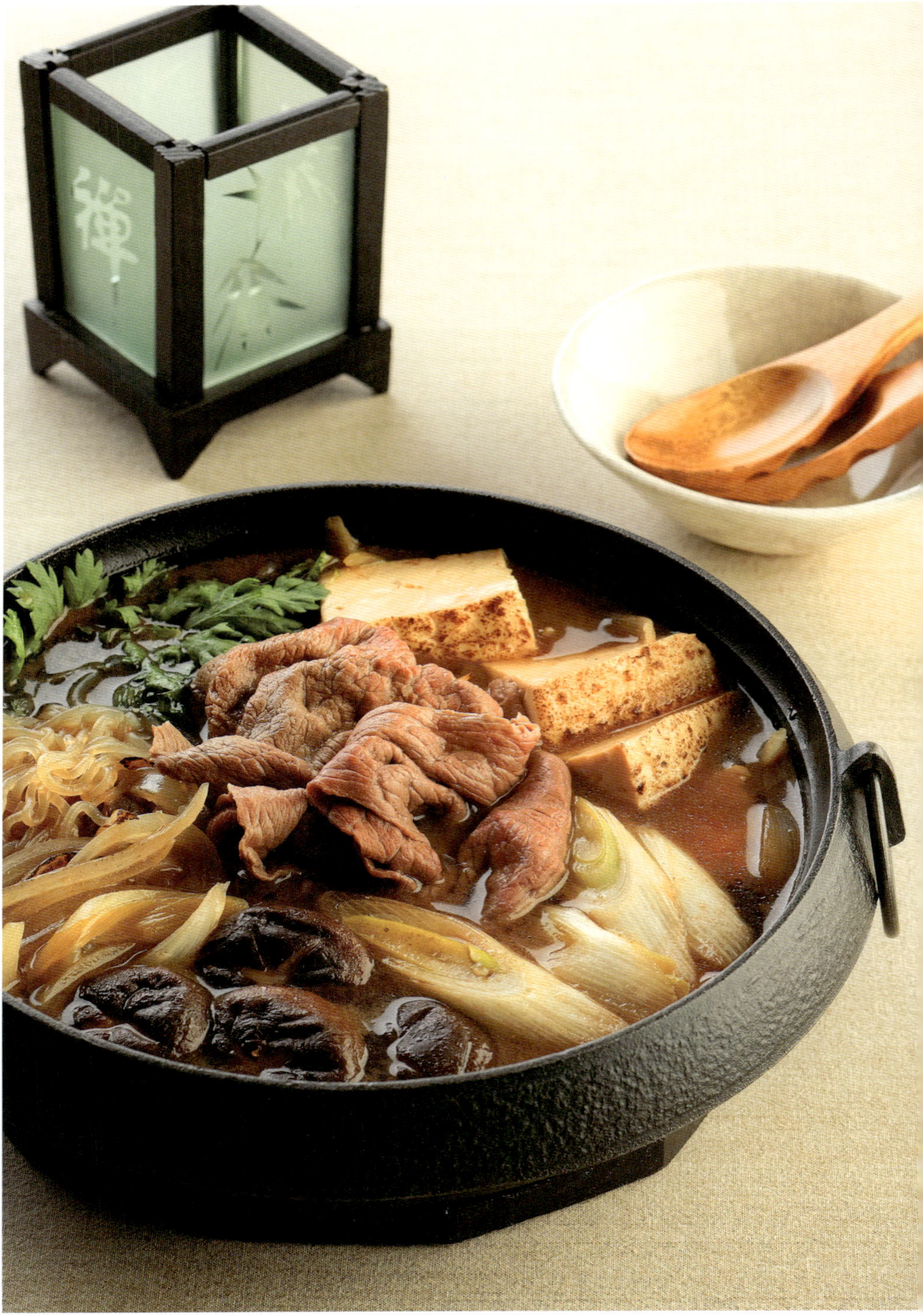
禅

すき焼き

割りしたに昆布ぽん酢を使えば
さわやかな酸味の楽しめるすき焼きに

調理時間 **20分**

第2章　昆布ぽん酢の煮込み料理

材料（2人分）

牛肉（すき焼き用）…200g	牛脂…少々
玉ねぎ…1/2個	砂糖…大さじ4
長ねぎ…1/2本	酒…大さじ4
しいたけ…4個	みりん…大さじ2
焼き豆腐…1/2丁	水…2カップ
春菊…40g	昆布ぽん酢…大さじ4
しらたき…180g	しょうゆ…大さじ1と1/2

作り方

1. 玉ねぎは3mm厚さに切り、長ねぎは斜めに切る。しいたけは軸を落とし飾り包丁を入れ、豆腐は4等分に切り、春菊は4cm長さに切る。しらたきは下ゆでする。

2. すき焼き用鍋を熱し、牛脂を溶かしてだし用に牛肉を2枚入れて炒める。砂糖を加え、牛肉に焼き色がつき香りが出たら、酒、みりん、水、昆布ぽん酢の順で加え、なべ底のうまみをこそげながら沸騰させる。

3. 玉ねぎ、長ねぎ、しいたけ、しらたき、豆腐の順で加え、最後に春菊と肉をしゃぶしゃぶしながらほどよく火を通す。

スープ餃子

昆布ぽん酢入り中華スープで
餃子の肉のうまみが際立ちます

調理時間 **30分**

作り方

1. にら、キャベツは粗みじん切りにし、塩をまぶしてしばらく置き、水分を絞る。
2. ヤングコーンは半割り、パプリカは5mm幅の細切りにする。
3. ボウルに①とAを入れて混ぜ、あんを作り、餃子の皮で包む。
4. Bを鍋に入れて沸かし、ヤングコーン、②、③を加え2〜3分煮て火を通す。
5. 器に盛り、白髪ねぎをのせる。

材料（2人分）

- 餃子の皮…12枚
- にら…10g
- キャベツ…80g
- ヤングコーン…4本
- 赤パプリカ…1/4個

A
- 豚ひき肉…80g
- しょうが（すりおろし）…少々
- にんにく（すりおろし）…少々
- 酒…小さじ1/2
- ごま油…小さじ1/2
- しょうゆ…小さじ1/2
- 塩…少々
- こしょう…少々

B
- 鶏ガラスープ…1と1/2カップ
- 酒…大さじ1
- オイスターソース…大さじ1
- 昆布ぽん酢…大さじ4

- 白髪ねぎ…適量

ホルモンの煮込み

調理時間 **40分**

昆布ぽん酢で煮込むと
くさみが取れてさっぱり仕立てに

材料（2人分）

牛白モツ（ゆでモツ）…300g
ごぼう…80g
にんじん…80g
しょうが…1片
大根…100g

A
| だし汁…2カップ
| 昆布ぽん酢…大さじ3
| みそ…大さじ1
| みりん…大さじ2

白ねぎ（小口切り）…適量
七味唐辛子…適宜

作り方

1. ごぼうは3mm厚さの斜め切りに、にんじんは3mm厚さの半月に切る。しょうがは千切り、大根は3mm厚さのいちょう切りにする。
2. 鍋にサラダ油としょうがを熱し、香りが出ればにんじん、ごぼう、大根の順で炒め、白モツとAを入れる。
3. 時々混ぜながら約30分煮込んで器に盛り、白ねぎと七味唐辛子をのせる。

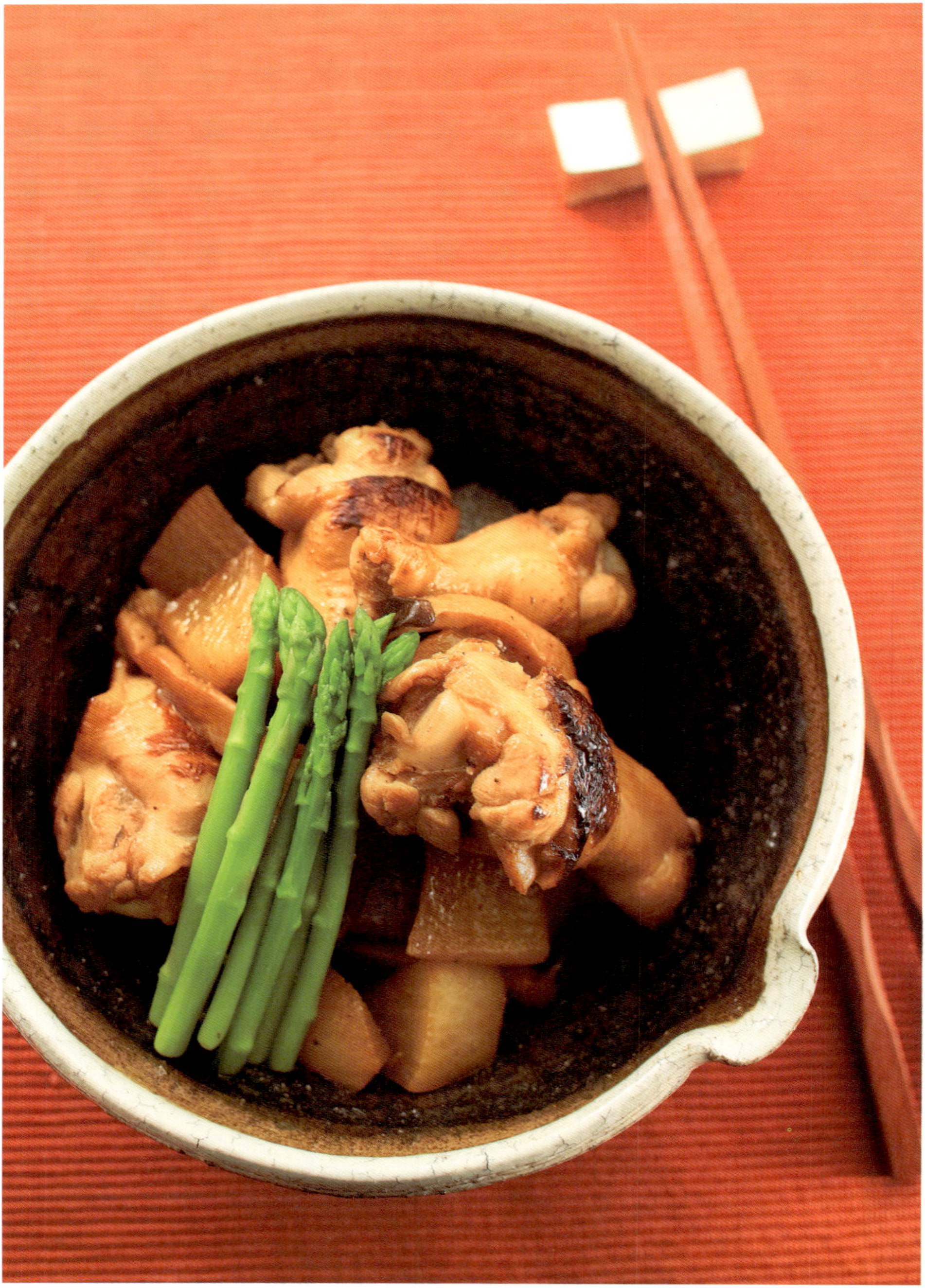

第2章 昆布ぽん酢の煮込み料理

鶏手羽元と大根の煮込み

鶏手羽と昆布のうまみが
大根にじんわり染みて◎

調理時間
40分

材料(2人分)

鶏手羽元…6本
大根…200g
アスパラガス(細いもの)…6本
塩…小さじ1/3
こしょう…少々
サラダ油…小さじ2

A
- 酒…大さじ1
- みりん…大さじ1
- 砂糖…大さじ1
- 昆布ぽん酢…大さじ3
- だし汁…2カップ

作り方

1. 鶏手羽元は塩、こしょうをまぶす。大根は1.5cm厚さの半月に切り、下ゆでする。アスパラガスは塩ゆでする。
2. 鍋にサラダ油を熱し、鶏をこんがり焼き、余分な脂をふき取る。Aと大根を加え、ふたをして30分煮込む。
3. ふたを外して時々上下を返しながら煮汁を煮詰める。
4. 煮詰まったら器に盛りつけ、アスパラガスを添える。

さっぱりスペアリブ煮込み

調理時間 95分

こってりとしたスペアリブも昆布ぽん酢で煮れば
さっぱり風味に仕上がります

材料（2人分）

- 豚スペアリブ…800g
- 塩…小さじ1/3
- こしょう…少々
- 小麦粉…大さじ2
- ブロッコリー…80g
- 水溶き片栗粉…大さじ2
- サラダ油…大さじ1

A
- 鶏がらスープ…2カップ
- 昆布ぽん酢…大さじ5
- 酒…大さじ2
- ママレード…大さじ3
- トーチ醤…大さじ2
  （なければオイスターソース
  大さじ1で代用）

作り方

1. 豚スペアリブは、塩、こしょうをすりこみ、小麦粉をはたく。
2. フライパンにサラダ油を熱し、①を全面こんがりと焼く。
3. ブロッコリーは小房に分け、ゆでる。
4. 鍋にAと③を入れて、ふたをして約1時間30分、豚肉がやわらかくなるまで弱火で煮る。
5. 水溶きの片栗粉を加えて濃度をつけ、ゆでたブロッコリーとともに盛る。

第 2 章　昆布ぽん酢の煮込み料理

材料（2人分）
豚ばら肉（ブロック）…400g
塩…小さじ1/3
サラダ油…小さじ1
マッシュルーム…4個
レモン汁…少々
だし汁…3カップ
芽キャベツ…4個
昆布ぽん酢…大さじ2
ケチャップ…大さじ2
プチトマト（赤・黄）…各4個

作り方

1 豚ばら肉は5cm角に切り、塩をすり込み、サラダ油を熱したフライパンで表面を焼く。マッシュルームは飾り包丁を入れてレモン汁をまぶして塩ゆでし、芽キャベツも塩ゆでする。

2 鍋にだし汁と豚ばら肉を入れ、あくと油をすくいながら弱火で約1時間30分火を通す。

3 肉がやわらかくなったら、昆布ぽん酢とケチャップを入れて30分煮る。

4 マッシュルーム、芽キャベツ、プチトマトを加えて温め、器に盛る。

第2章 昆布ぽん酢の煮込み料理

トマト風味の豚の角煮

調理時間 120分

芽キャベツとプチトマトで彩り抜群！
トマトと昆布のうまみがきいた洋風角煮

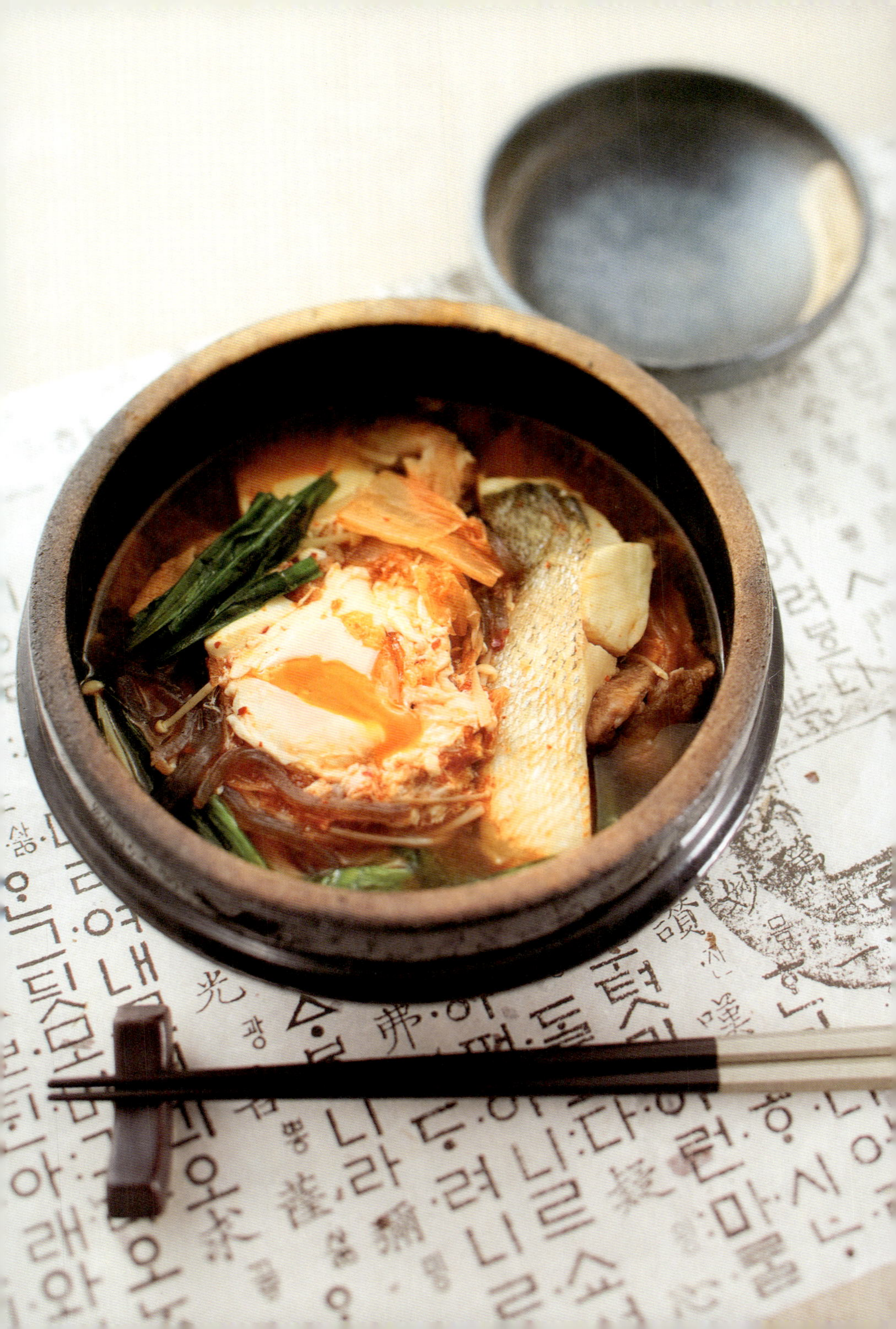

第2章 昆布ぽん酢の煮込み料理

ピリ辛チゲ

豚肉とタラの入った本格キムチ鍋。
昆布ぽん酢のうまみと酸味が引き立ちます

調理時間 **30**分

材料（2人分）

豚ばら肉（スライス）…120g
にら…30g
糸こんにゃく…1/2袋
えのき茸…1/2袋
タラ…2切れ
木綿豆腐…1/2丁
ごま油…小さじ2
白菜キムチ…120g
酒…大さじ2
鶏がらスープ…3カップ
昆布ぽん酢…大さじ4
卵…2個

作り方

1 豚ばら肉、にらは4cm長さに切る。糸こんにゃくは10cm長さに切って下ゆでする。えのき茸は根元を切り落として半分の長さにしてほぐす。タラは塩をふって10分置き、水分をペーパータオルでふく。豆腐は4cm角に切る。

2 鍋にごま油を熱し、白菜キムチと豚ばら肉を香ばしく炒めて酒を加える。

3 鶏がらスープ、昆布ぽん酢を加え、沸騰したらえのき茸、糸こんにゃく、タラ、豆腐を加えて3分煮込む。

4 卵を落とし半熟になったら、最後ににらを加える。

サンラータン

調理時間 **20分**

酸味のきいた具だくさんスープ。
とろみと辛さで身体が温まります

作り方

1. たけのことロースハムは細切りに、豆腐は細長く切り、カニかまぼこはほぐす。卵は溶いておく。
2. 鍋にサラダ油を熱し、長ねぎとしょうがを炒め、ハム、たけのこ、コーンを加えて炒める。
3. 酒、鶏がらスープ、昆布ぽん酢の順で加え、豆腐、カニかまぼこを入れる。
4. 沸騰したら水溶き片栗粉でとろみをつけ、溶き卵を糸を垂らすように加え、火を止めてゆっくり混ぜる。
5. 器に盛り、香菜、ラー油、粗挽き黒こしょうを飾る。

材料（2人分）

- たけのこ（水煮）…30g
- ロースハム…1枚
- 絹ごし豆腐…1/5丁
- カニかまぼこ…1本
- コーン…大さじ2
- 卵…1個
- サラダ油…小さじ1
- 長ねぎ（みじん切り）…大さじ1
- しょうが（みじん切り）…小さじ1
- 酒…大さじ1
- 鶏がらスープ…3カップ
- <u>昆布ぽん酢…大さじ3</u>
- 水溶き片栗粉…小さじ2
- 香菜・ラー油・粗挽き黒こしょう　…各適量

つみれ汁

昆布ぽん酢のうまみが染みる
滋味豊かな大人の逸品

調理時間 35分

材料（2人分）

- イワシ…2尾（200g）
- 長ねぎ…1/4本
- しょうが…10g
- 大葉…2枚
- みそ…大さじ1
- にんじん…3cm分
- しめじ…50g
- 三つ葉…4本
- A
  - だし汁…3カップ
  - 酒…大さじ1
  - 昆布ぽん酢…大さじ1

第2章 昆布ぽん酢の煮込み料理

作り方

1. イワシは3枚におろし、身を5mm角に切る。長ねぎ、しょうが、大葉はみじん切りにして、まな板の上でイワシ、みそとともに包丁で切り混ぜる。
2. にんじんは5mm厚さの輪切りにして抜き型で抜く。しめじは根元を切ってほぐし、三つ葉は3cm長さに切る。
3. 鍋にAを入れて沸かし、にんじんを入れて約5分煮て、①を丸めながら鍋に落とし、しめじを加える。
4. 三つ葉を加えて器に盛る。

さっぱり肉じゃが

調理時間 **30分**

味加減がむずかしい肉じゃがも
昆布ぽん酢を使えば簡単に味が決まります

材料（2人分）

牛肉（薄切り）…120g
じゃがいも…3個
玉ねぎ…1/2個
にんじん…1/2本
いんげん…4本
しょうが…少々
サラダ油…小さじ2

A
酒…大さじ2
黒砂糖…大さじ2
昆布ぽん酢…大さじ4
だし汁…1と1/2カップ

作り方

1. 牛肉は4cm長さに切り、じゃがいもは4つ割りに、しょうがと玉ねぎは薄切りに、にんじんは乱切りにする。いんげんは筋を取って4cm長さの斜めに切り、塩ゆでする。
2. 鍋にサラダ油を熱し、しょうが、玉ねぎ、牛肉、にんじん、じゃがいもの順で軽く色づくまでじっくり炒める。
3. ②にAを加え、ふたをして野菜に火を通す。ふたを開け、ほどよい味になるまで煮詰める。
4. 器に盛り、いんげんを添える。

第2章　昆布ぽん酢の煮込み料理

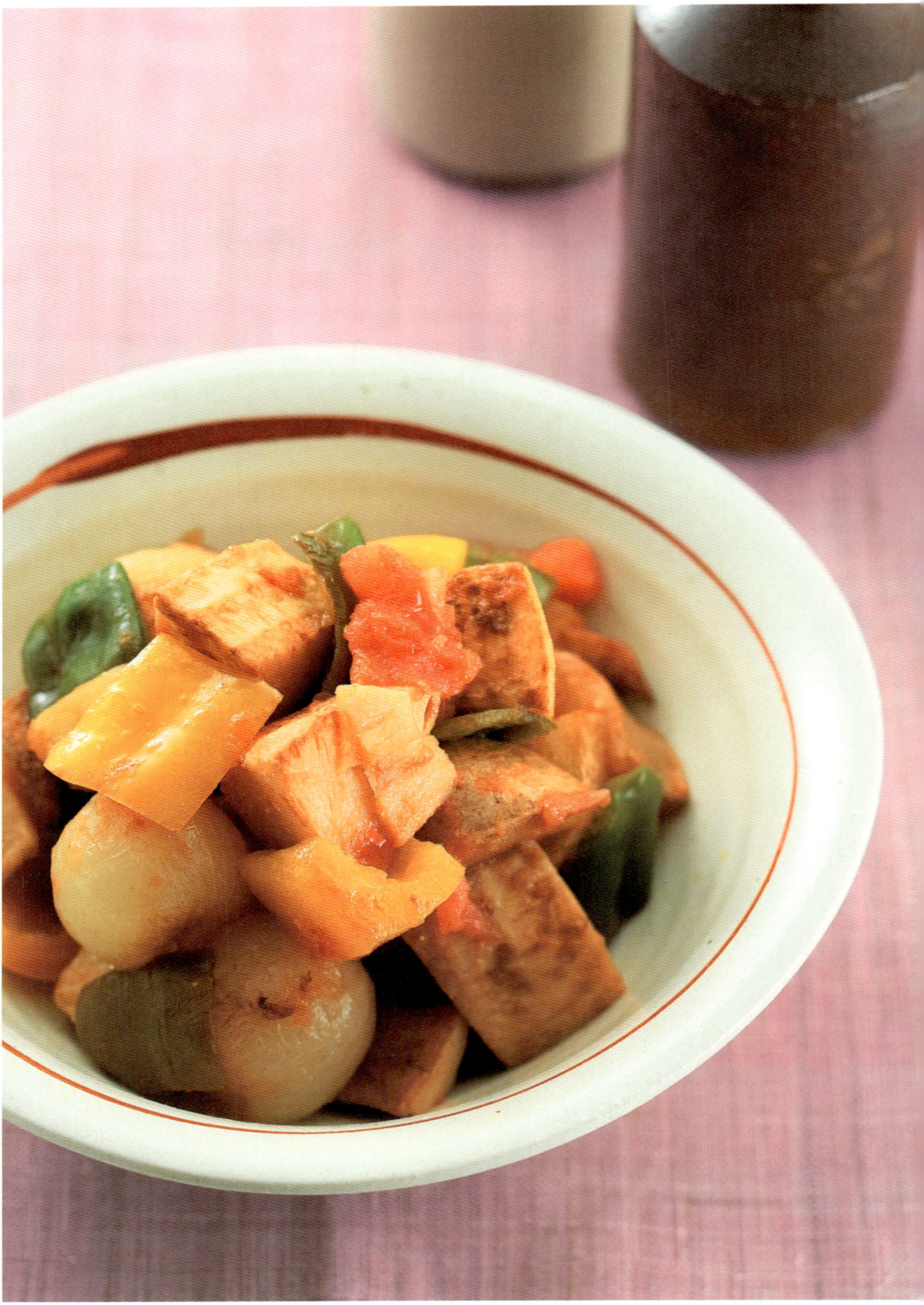

和風ラタトゥイユ

野菜と昆布のうまみがぎっしり。
常備菜におすすめです

調理時間 **30**分

材料（2人分）

- 小玉ねぎ…6個
- じゃがいも…2個
- たけのこ（水煮）…100g
- 黄パプリカ…1/2個
- ピーマン…1個
- にんにく…1片
- オリーブ油…大さじ1

A
- 酒…大さじ1
- 昆布ぽん酢…大さじ3
- だし汁…1/2カップ
- トマト…1個

作り方

1. 小玉ねぎは皮をむき、芯に十字の切り込みを入れる。じゃがいも、パプリカ、ピーマン、たけのこ、トマトは2cm角に切る。にんにくはたたきつぶす。

2. フライパンにオリーブ油とにんにくを熱し、香りを出す。

3. 小玉ねぎ、じゃがいも、たけのこ、パプリカ、ピーマンの順で加え、こんがり炒める。A、トマトを加えてふたをし、野菜がやわらかくなるまで煮込む。

第2章 昆布ぽん酢の煮込み料理

五目豆

昆布ぽん酢のほのかな酸味が
素材のうまみを引き立てます

調理時間
30分

作り方

1 こんにゃくは8mm角に切り、塩をまぶしてさっとゆでる。ごぼうは8mm角に切り、水に漬けてあくを抜く。しいたけ、にんじんは8mm角に切る。

2 鍋にだし汁、にんじん、ごぼうを入れ、ふたをして約10分煮る。ほぼ火が通ったら、しいたけ、大豆、こんにゃく、Aを加えて約10分煮る。

材料（2人分）

大豆（水煮）…200g
こんにゃく…1/2枚
ごぼう…80g
しいたけ…3個
にんじん…80g
塩…ひとつまみ
だし汁…1カップ

A
昆布ぽん酢…大さじ3
みりん…大さじ3
砂糖…大さじ3
しょうゆ…大さじ1

第 3 章

> 肉も魚もさっぱり・ヘルシー

昆布ぽん酢で人気おかず

夕食の定番おかずもごちそうも、
隠し味には昆布ぽん酢がぴったりです。
食べごたえのあるメニューも
さっぱり味に仕上がります。

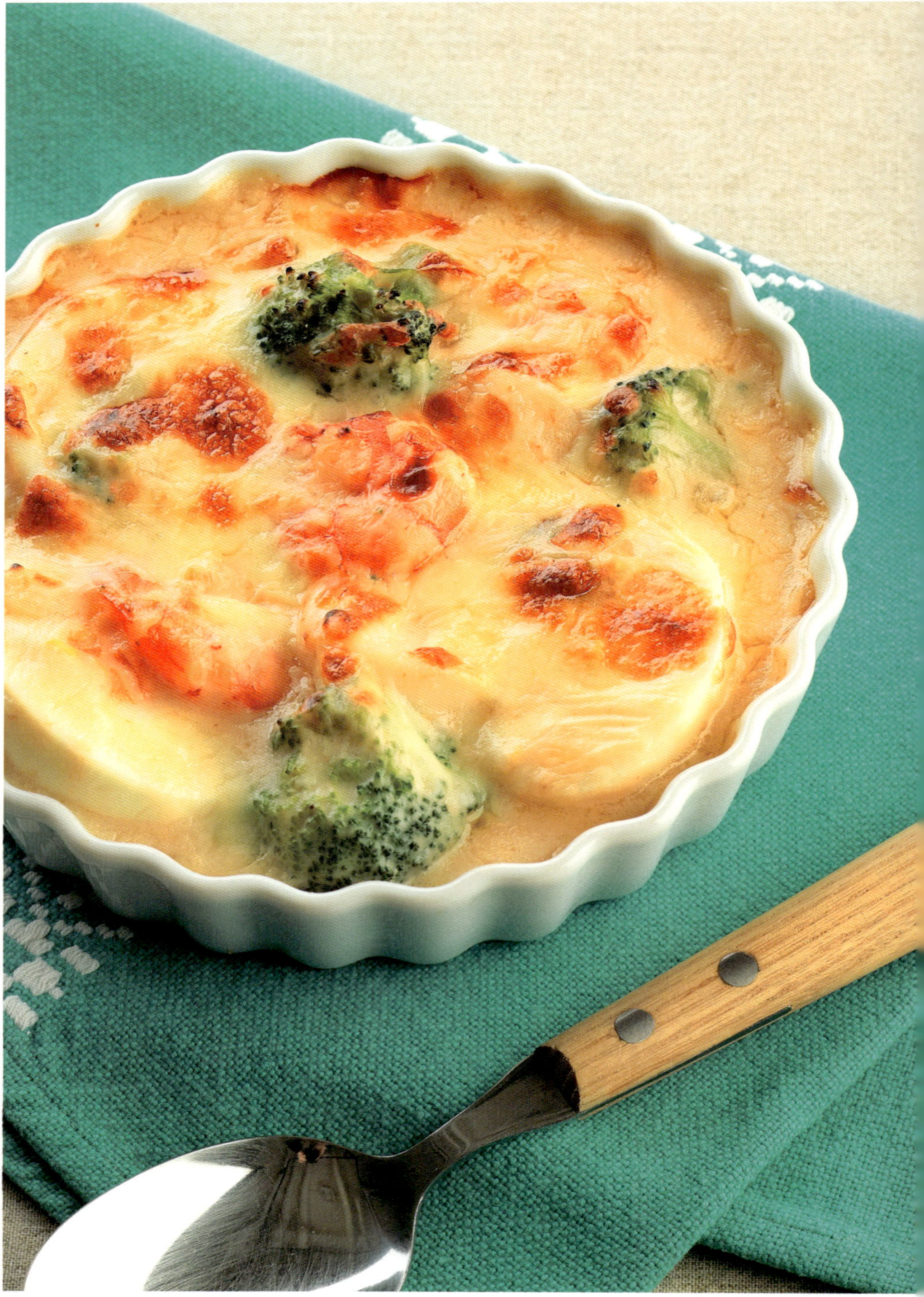

魚介のグラタン

とろ～りチーズと魚介のうまみに
さわやかなぽん酢がマッチ

調理時間 **40分**

第3章 昆布ぽん酢で人気おかず

材料（2人分）

- エビ…8尾
- ロールイカ…80g
- ホタテ貝柱…80g
- ゆで卵…2個
- ブロッコリー…60g
- バター…25g
- ふるった小麦粉…15g
- 牛乳…1と1/2カップ
- <u>昆布ぽん酢…大さじ2</u>
- 玉ねぎ…60g
- 白ワイン…大さじ1
- ピッツァ用チーズ…40g
- 塩…少々
- こしょう…少々

作り方

1. ゆで卵はタテ半分に切り、ブロッコリーは小房に分けて塩ゆでする。エビは背ワタを取り殻をむく。ロールイカはかの子に切り込みを入れて1cm幅に切る。ホタテ貝柱は半分に切る。

2. 鍋にバター15gを溶かし、小麦粉を加えて焦がさないように約1分炒め、火を止める。牛乳を一度に加えてよく混ぜながら再び火にかけ、濃度がついたら昆布ぽん酢を加える。

3. フライパンに残りのバターを熱し、塩、こしょうをまぶした魚介と玉ねぎをソテーする。白ワインを振りかけて②に加え、塩、こしょうで味を調える。

4. バター（分量外）を塗ったグラタン皿にブロッコリーとゆで卵を並べ、③を流し入れる。チーズを散らして230℃のオーブンで約8分、こんがり焼く。

焼肉&グリル野菜

特製のオニオンおろしぽん酢で
素材そのもののうまみが際立ちます

調理時間 **20分**

材料（2人分）

じゃがいも（小）…1個
ズッキーニ…2cm分
紫玉ねぎ…1/2個
牛肉（焼肉用）…200g
オリーブ油…小さじ2
塩…適量
こしょう…適量
ラディッシュ…2個

A │ しょうが（すりおろし）…大さじ1
　│ 大根（すりおろし）…100g
　│ 玉ねぎ（すりおろし）…50g

昆布ぽん酢…大さじ3

作り方

1 じゃがいもは5mm厚さの輪切にしてさっとゆで、ズッキーニ、紫玉ねぎは5mm厚さの輪切りにする。
2 野菜と牛肉にオリーブ油、塩、こしょうをまぶし、熱したグリルパンでこんがり焼く。
3 Aを合わせてオニオンおろしぽん酢を作る。
4 皿に盛り、③と半分に切ったラディッシュを添える。

第3章 昆布ぽん酢で人気おかず

豚肉のしょうが焼き

調理時間 **20分**

昆布ぽん酢でこってりお肉もさっぱり風味に！
鶏肉や魚でもおいしく作れます。

作り方

1. しょうがはすりおろす。豚肉は筋切りをして塩、こしょう、小麦粉をまぶす。
2. フライパンにサラダ油を熱し、豚肉をこんがり焼く。
3. 余分な脂をペーパーでふき取り、Aを加えて豚に火を通してからめる。
4. 皿に③と、キャベツ、スプラウト、トマトなどの付け合わせとともに盛り、お好みでマヨネーズを添え、煮汁をかける。

材料（2人分）

- 豚ロース肉…2枚
- 塩…少々
- こしょう…少々
- 小麦粉…大さじ1
- サラダ油…小さじ2
- A
  - しょうが…1片
  - 酒…大さじ2
  - 昆布ぽん酢…大さじ3
  - みりん…大さじ1
- キャベツ（千切り）…100g
- スプラウト…20g
- トマト（小・くし切り）…3個分
- マヨネーズ…適宜

第3章 昆布ぽん酢で人気おかず

輪切りパプリカの肉詰め焼き

調理時間 **25分**

特製のぽん酢マスタードソースが
パプリカとお肉によく合います

作り方

1 いんげんは筋を取り5mm幅に切る。ボウルに合びき肉、コーン、いんげん、粉チーズ、昆布ぽん酢を混ぜる。

2 パプリカはへたの周りに包丁を入れて種ごとを取り、空いた穴から残ったワタと種を取り除き、①を詰める。

3 ②を輪切りにし、オリーブ油を熱したフライパンで中まで両面こんがり焼く。

4 皿に盛り、クレソンを添える。Aを合わせてぽん酢マスタードソースを作り、皿に添える。

材料（2人分）

赤パプリカ…1個
合びき肉…180g
ホールコーン…大さじ3
いんげん…2本
粉チーズ…大さじ1
オリーブ油…小さじ1
昆布ぽん酢…大さじ1
クレソン…適宜

A｜とんかつソース…大さじ1
　｜昆布ぽん酢…大さじ1
　｜粒マスタード…小さじ1

オイルサーディンとトマトの卵とじ

調理時間 **15分**

トマトとオイルサーディンを
卵と昆布ぽん酢でふんわりと炒めました

材料（2人分）

- オイルサーディン…1缶（84g）
- にんにく…1/2片
- えのき茸…1/2袋
- トマト…1個
- レタス…2枚
- 卵…2個
- 塩…少々
- こしょう…少々
- 酒…大さじ2
- 昆布ぽん酢…大さじ2

作り方

1. トマトは8等分のくし切りにし、にんにくはスライスする。えのき茸は根元を切り落とし、半分の長さにしてほぐす。レタスは3cm角に切る。卵は塩、こしょうをして溶く。
2. フライパンにオイルサーディンの油を入れてにんにくを熱し、香りを出す。オイルサーディンの身とえのき茸を入れて炒め、酒、昆布ぽん酢を加える。
3. トマトとレタスを加え卵を全体に流し、半熟に仕上げる。

なすの肉みそ炒め

こってり味のなすみそ炒めも
ぽん酢の効果で後味すっきり！

調理時間 **20分**

材料（2人分）

- なす…2本
- チンゲン菜…1株
- 豚ひき肉…100g
- 長ねぎ（みじん切り）…大さじ1
- しょうが（みじん切り）…小さじ1
- 酒…大さじ1
- 昆布ぽん酢…大さじ2
- サラダ油…適量
- 塩…少々
- こしょう…少々
- 糸唐辛子…少々

作り方

1. なすは4cm長さの棒状に切り、水にさらしてあくを抜いて水分を切る。チンゲン菜は4cm長さに切る。
2. フライパンにサラダ油を熱し、なすを全面こんがり焼いて取り出す。
3. ②のフライパンにサラダ油を熱し、長ねぎ、しょうがを炒め、豚ひき肉を加えてほぐしながら炒める。
4. なす、チンゲン菜を加えて大きく炒める。酒をふりかけ、昆布ぽん酢、塩、こしょうで味を調える。
5. 器に盛り、糸唐辛子を飾る。

カレイのぽん酢煮

調理時間 **25分**

甘すぎず、だしのうまみがじんわり染みたごはんが進む逸品です

材料（2人分）

カレイ（小）…2尾	酒…1/2カップ
しょうが…1片	昆布ぽん酢…大さじ1と1/2
ごぼう…1/4本	しょうゆ…大さじ1
きぬさや…6枚　A	みりん…50cc
長ねぎ（白髪ねぎ）…適量	砂糖…大さじ3
	水…1/2カップ

作り方

1 カレイはうろこをひき、裏（白いほう）から切り込みを入れて内臓を取り除き、表面（黒いほう）の身の厚い部分に切り込みを入れる。

2 カレイに熱湯をかけて臭みを抜く。

3 しょうがは薄切り、ごぼうは5cm長さの細切りにし、水にさらしてあくを抜く。きぬさやは筋を取り、塩ゆでする。

4 フライパンにA、しょうが、ごぼうを入れて沸かし、カレイの表面を上にして並べる。

5 煮汁をかけながら弱火で7〜8分火を通す。ちょうど火が通ったら器に盛り、煮汁をかける。

6 きぬさやとごぼう、白髪ねぎを飾る。

第3章　昆布ぽん酢で人気おかず

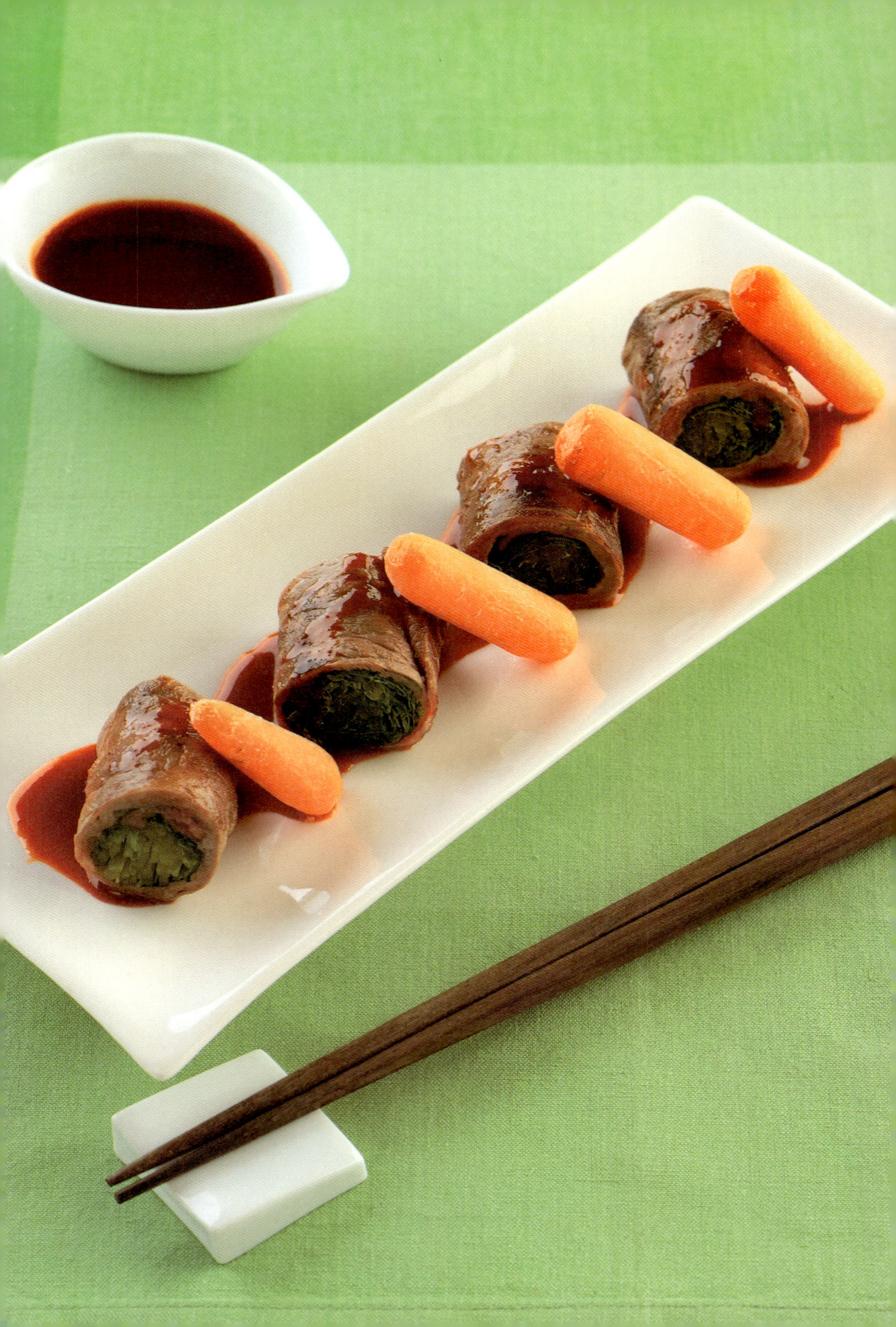

水菜の牛肉巻き焼き

牛肉巻きをちょっとおしゃれに。
特製コチュジャンぽん酢をかけて召し上がれ

調理時間 **20分**

材料（2人分）

- 牛肉（薄切り）…120g
- 水菜…100g
- ごま油…小さじ1
- ミニキャロット…8本
- A
  - コチュジャン…小さじ2
  - はちみつ…大さじ1
  - 昆布ぽん酢…大さじ2

作り方

1. 牛肉をまな板に広げ、水菜の葉のほうと軸のほうとを互い違いにして手前に置き、手前から肉できつくしっかり巻く。
2. フライパンにごま油を熱し、①を転がしながらこんがり焼く。
3. ミニキャロットを塩ゆでする。
4. 皿に②を切り分けて並べ、Aを混ぜ合わせてコチュジャンぽん酢を作り、かける。ミニキャロットを立てかける。

サーモンのソテー

調理時間 **20**分

外側をパリッと、内側をふんわりとソテー。
ケッパーと昆布ぽん酢がさわやかに香ります

材料（2人分）

- 生鮭…2切れ
- カリフラワー…80g
- 菜の花…50g
- 塩…少々
- こしょう…少々
- 薄力粉…大さじ1
- バター…10g
- サラダ油…10g
- バター…大さじ3
- スライスアーモンド…大さじ1
- 昆布ぽん酢…大さじ2
- ケッパー…大さじ1

作り方

1. 生鮭は塩、こしょう、小麦粉をまぶす。
2. カリフラワーは小房に分けて塩ゆでする。菜の花も塩ゆでする。
3. フライパンにサラダ油とバターを入れて熱し、①を両面こんがり焼く。
4. 鍋にバターとスライスアーモンドを入れて熱し、アーモンドがこんがり焼けてきたら火を止め、昆布ぽん酢とケッパーを入れる。
5. 皿にサーモンを盛り、菜の花とカリフラワーを盛り、乳化させるよう混ぜながらバターぽん酢ソースをかける。

第3章 昆布ぽん酢で人気おかず

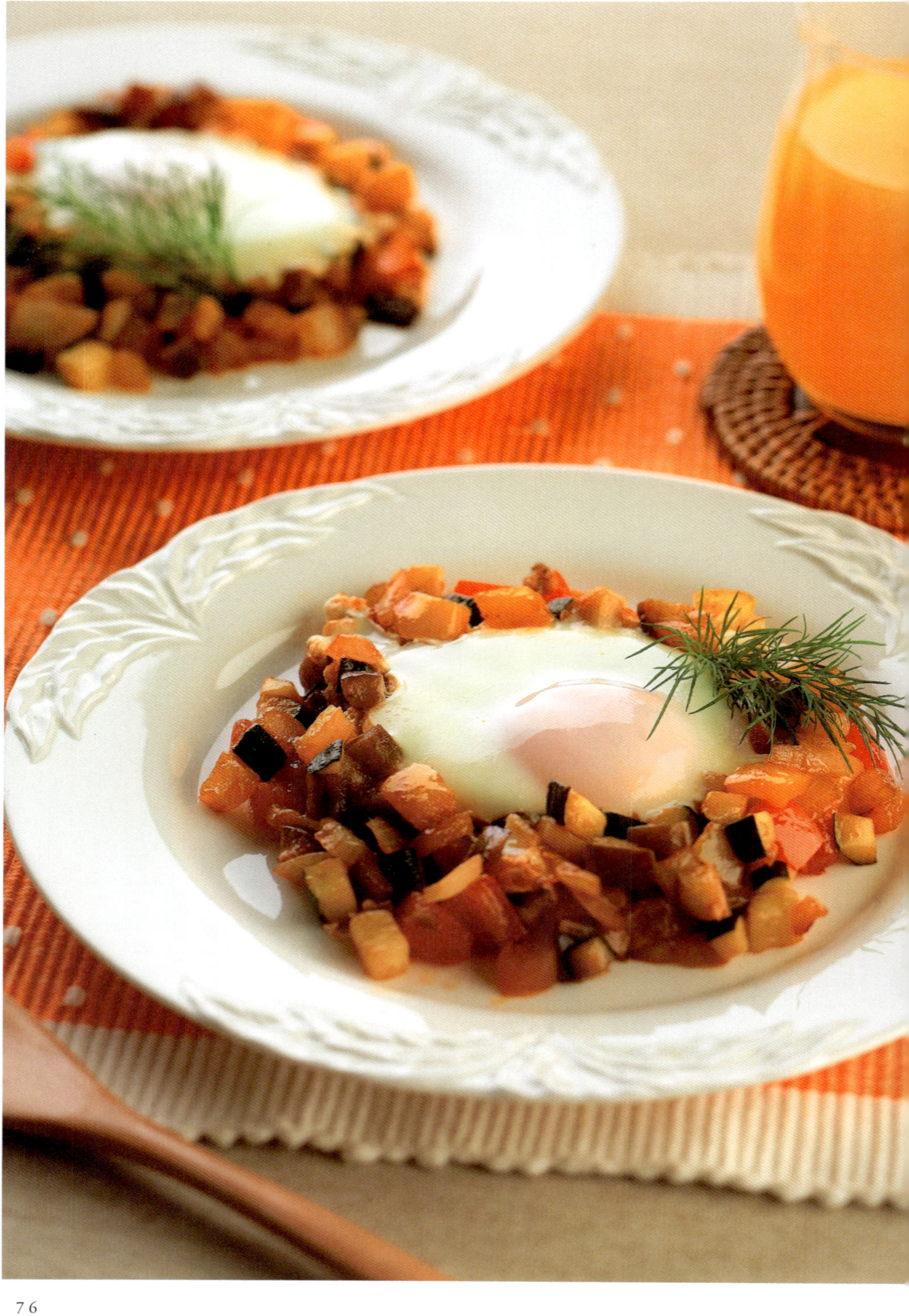

カラフル野菜の巣ごもり仕立て

彩り豊かで野菜もたっぷり！
朝食にぴったりの一品

調理時間 **30分**

第3章 昆布ぽん酢で人気おかず

材料（2人分）

卵…2個
玉ねぎ…1/4個
なす…1本
ズッキーニ…1/2本
パプリカ（赤・黄）…各1/4個
トマト…1/2個
オリーブ油…適量

にんにく（みじん切り）…少々
塩…少々
こしょう…少々
昆布ぽん酢…大さじ2
ハム…2枚
ディル…適宜

作り方

1. 玉ねぎ、なす、ズッキーニ、パプリカ、トマトはそれぞれ6mm角に切る。
2. フライパンにオリーブ油とニンニクを熱し、香りが出たら玉ねぎ、なす、パプリカ、ズッキーニの順で香ばしく炒める。塩、こしょう、昆布ぽん酢、トマトを加え、ふたをして弱火で軽く煮込む。
3. 別のフライパンにオリーブ油を熱し、ハムを置き②を囲むようにのせ、中央に卵を落とす。半熟になるくらい火を通し、皿に盛る。お好みでディルを添える。

ゴーヤチャンプルー

だしのうまみがたっぷりきいた
風味豊かなチャンプルー

調理時間 **20分**

材料（2人分）

- ゴーヤ…1本
- ランチョンミート…100g
- 木綿豆腐…1/3丁
- 卵…1個
- サラダ油…大さじ1
- みりん…小さじ2
- 昆布ぽん酢…大さじ2
- かつおぶし…適量

作り方

1. ゴーヤは両端を落としてタテ半分に切り、ワタをスプーンでしっかり取り除き、3mm幅の半月に切る。
2. ランチョンミートは3mm厚さの短冊に切る。豆腐は600Wの電子レンジで約1分加熱して水気を切り、3mm厚さの短冊切りにする。卵は溶いておく。
3. フライパンにサラダ油を熱し、豆腐とランチョンミートを両面ともこんがり焼き、ゴーヤを加えて大きく炒める。
4. ③にみりん、昆布ぽん酢を加え、溶き卵を全体に流して大きく炒める。
5. 皿に盛り、かつおぶしをのせる。

第3章　昆布ぽん酢で人気おかず

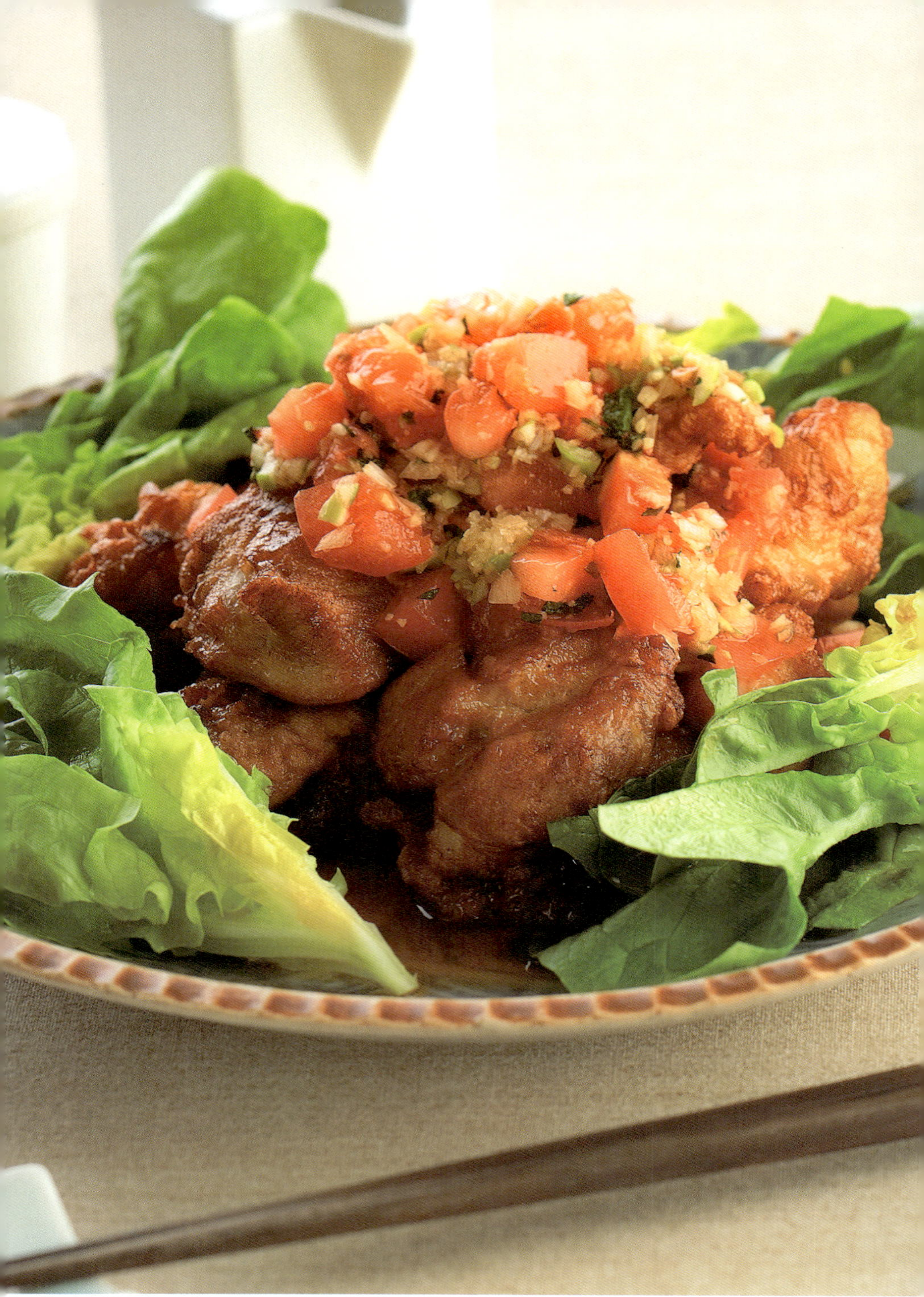

トマトたっぷり油淋鶏

調理時間 **30分**

ジューシーな鶏肉にトマトの入った
特製ぽん酢ソースがよくからみます

材料（2人分）

鶏もも肉…300g
昆布ぽん酢…大さじ2
揚げ油…適量
サラダ菜…1/2株
卵…1個
薄力粉…25g
トマト…120g

A
昆布ぽん酢…大さじ4
長ねぎ（みじん切り）…大さじ3
しょうが（みじん切り）…大さじ1
大葉（みじん切り）…2枚

作り方

1. 鶏もも肉は3cm角に切り、昆布ぽん酢をもみこむ。
2. トマトは5mm幅に切り、Aと合わせてソースを作る。
3. 卵と薄力粉を泡だて器で混ぜて衣を作り、①をからめて180℃の油でからりと中まで揚げる。
4. 揚げたてを器に盛り、トマトだれをかけ、サラダ菜を添える。

第3章 昆布ぽん酢で人気おかず

ひじきの煮物

初心者にもむずかしそうな一品も
昆布ぽん酢で簡単に作れます

調理時間 **20**分

材料（2人分）

乾燥ひじき…20g
エリンギ…50g
油揚げ…1枚
サラダ油…小さじ2
きぬさや…4枚
A ┃ 酒…大さじ1
　┃ みりん…大さじ2
　┃ 砂糖…大さじ2
　┃ 昆布ぽん酢…大さじ4

作り方

1. エリンギは細切りに、油揚げは短冊に切る。乾燥ひじきは10倍の水に30分漬け、ふり洗いして水気をきる。きぬさやは塩ゆでし、千切りにしておく。
2. 鍋にサラダ油を熱してエリンギを炒め、香ばしく炒まったら、油揚げとひじきを加える。
3. ②にAを加え、ふたをして約10分弱火で煮る。
4. 器に盛り、きぬさやを飾る。

切り干し大根の
カレー煮物

調理時間 **35分**

レーズンの甘みがアクセント。
カレー風味が斬新な切り干し大根

作り方

1. 切り干し大根は水で戻し、さっと洗って水分を絞る。豚もも肉、にんじんは細切りにする。
2. 鍋にサラダ油を熱し、豚もも肉、にんじん、切り干し大根、レーズンの順で炒める。
3. カレー粉を振り入れて香りが立つまで炒め、酒を加える。
4. だし汁を加えてふたをし、約10分煮たらはちみつ、昆布ぽん酢を加えてさらに5分煮る。
5. 器に盛り、松の実とイタリアンパセリを飾る。

材料（2人分）

- 切り干し大根…40g
- 豚もも肉…100g
- にんじん…40g
- レーズン…大さじ2
- サラダ油…小さじ2
- 塩…ひとつまみ
- カレー粉…小さじ1
- 酒…大さじ2
- だし汁…1カップ
- はちみつ…大さじ3
- 昆布ぽん酢…大さじ4
- 松の実（煎ったもの）…10粒
- イタリアンパセリ…少々

第3章 昆布ぽん酢で人気おかず

チンジャオロース

色鮮やかな定番中華を
昆布ぽん酢でさっぱりと仕上げました

調理時間 **20**分

作り方

1. 牛もも肉、ピーマン、赤ピーマン、パプリカ、たけのこはそれぞれ細切りにする。
2. 牛もも肉に酒、オイスターソースをもみこむ。
3. フライパンにサラダ油を熱し、長ねぎとしょうがを炒め、②を加えてほぐすように炒める。
4. ピーマン、赤ピーマン、パプリカ、たけのこを加えて香ばしく炒め、Aを入れて、軽く炒める。水溶き片栗粉で全体をまとめ、ごま油を入れて香りをつける。

材料（2人分）

- 牛もも肉…120g
- ピーマン…1個
- 赤ピーマン…1個
- パプリカ（黄）…1/4個
- たけのこ（水煮）…80g
- 酒…小さじ1
- オイスターソース…小さじ2
- 長ねぎ（みじん切り）…大さじ1
- しょうが（みじん切り）…小さじ1
- A
  - 酒…大さじ1
  - 昆布ぽん酢…大さじ3
  - 砂糖…小さじ1
- 水溶き片栗粉…小さじ1
- ごま油…小さじ1/2
- サラダ油…大さじ1

> 酒の肴にぴったり

第 **4** 章

昆布ぽん酢で
絶品おつまみ

今夜から、晩酌のおともには
昆布ぽん酢のおつまみを。
ワイン、日本酒、焼酎、ビール
あらゆるお酒に合うレシピをご紹介します。

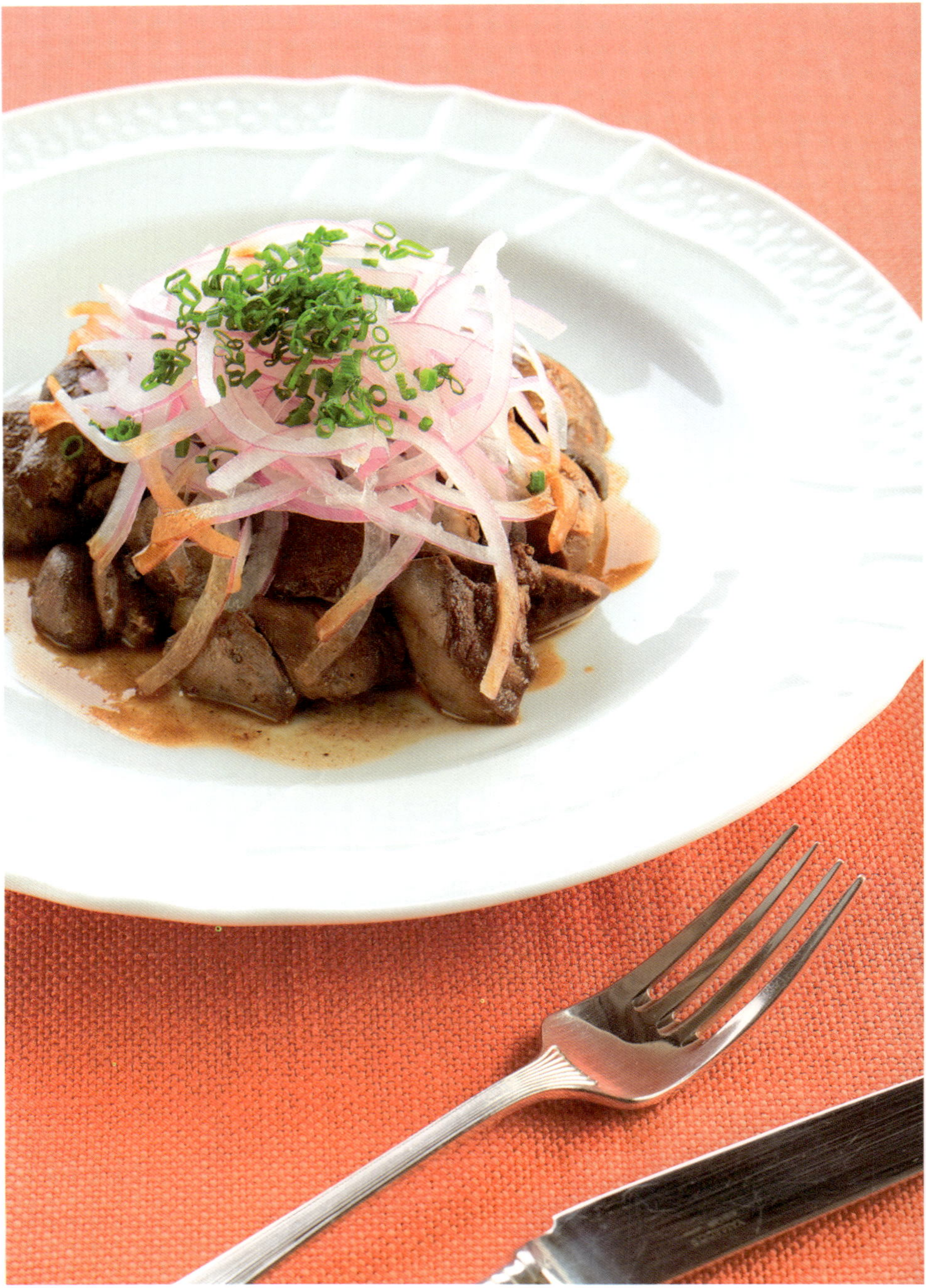

第4章 昆布ぽん酢で絶品おつまみ

レバーソテー

こってり味のレバーソテーを
昆布ぽん酢がさわやか風味に仕立てます

調理時間 **15分**

材料（2人分）

- 鶏レバー…250g
- 紫玉ねぎ…1/4個
- ブランデー…大さじ1
- 昆布ぽん酢…大さじ2
- バルサミコ酢…大さじ1
- バター…大さじ1
- 塩…小さじ1/2
- こしょう…ひとつまみ
- あさつき（小口切り）…大さじ1

作り方

1. 鶏レバーは、脂や血管を取り除いて、ひと口大に切る。氷水で洗って水分を取り、塩、こしょうをまぶす。
2. 紫玉ねぎは、ごく薄くスライスして氷水に漬けて、シャキッとしたら水分を絞る。
3. フライパンにバターを熱し、小麦色になったらレバーを並べ、全体に焼き色をつける。
4. 火を弱めてブランデーを加え、香りをつけてアルコール分を飛ばし、昆布ぽん酢とバルサミコ酢を加える。
5. 皿に盛り、紫玉ねぎとあさつきをのせ、残った煮汁をかける。

マグロの山かけ

昆布ぽん酢で漬けマグロ！
焼いた表面と身のコントラストが楽しい

調理時間 25分

材料（2人分）

マグロ…200g
菜の花…80g
大和芋（すりおろし）…60g
サラダ油…小さじ1
昆布ぽん酢…大さじ3
ねりわさび…小さじ1
A │ 昆布ぽん酢…大さじ2
　 │ みりん…大さじ1
　 │ 酒…大さじ1

作り方

1 マグロはAに15分漬ける。水分をふき、サラダ油を熱したフライパンで強火でこんがりと両面を焼く。氷を当てたバットに取り出し、焼いた面を冷やしてから1cm角に切る。

2 菜の花は塩ゆでして盆ざるに取り、あおいで冷まし、3cm長さに切る。

3 わさびを昆布ぽん酢で溶きのばす。

4 器に①と②を盛り、大和芋のすりおろしをのせ、③をかける。

煮こごり

アナゴや野菜をたっぷりとじ込めた
上品な味わいの煮こごり

調理時間 **70分**

第4章 昆布ぽん酢で絶品おつまみ

材料（2人分）

アナゴ（かば焼き）…1尾
水菜…20g
里芋…2個
れんこん…30g
粉ゼラチン…10g
A │ だし汁…1カップ
　│ 昆布ぽん酢…大さじ3
　│ みりん…大さじ2
菊の花…1個

作り方

1. 里芋は皮をむいて1.5cm角に切り、塩ゆでする。れんこんはいちょう切りにして塩ゆでする。水菜は2cm長さに切り、さっとゆでる。アナゴは軽く湯で洗い、1cm幅に切る。粉ゼラチンは3倍の水に振り入れて10分置く。

2. 鍋にAを入れて沸かし、ゼラチンを加えて溶かす。里芋、あなご、水菜を加え、流し缶に入れて具が均一になるよう箸で整える。氷水を当て、冷蔵庫で冷やして固める。

3. ②を切り分けて菊の花を散らす。

エビとマッシュルームの
ぽん酢アヒージョ

オリーブ油とにんにくの香りがたまらない！
さっぱり風味で白ワインと相性抜群

調理時間 15分

材料（2人分）

エビ…8尾
マッシュルーム…8個
にんにく…1かけ
オリーブ油…1/2カップ
昆布ぽん酢…大さじ3
パセリ（みじん切り）…小さじ1

A　こしょう、ローズマリー、ローリエ、マジョラム、タイム、唐辛子
　…各ひとつまみ

作り方

1. エビは背ワタを取り、殻をむく。にんにくはみじん切りにする。
2. 鍋にオリーブ油、にんにく、Aを入れて熱し、にんにくが色づいてきたら海老とマッシュルームを加える。
3. 約1分火を通し、エビとマッシュルームをひっくり返してさらに1分加熱して、昆布ぽん酢を加える。
4. 最後に上からパセリを散らす。

第 4 章 昆布ぽん酢で絶品ちょい呑み

アサリとえのきと ドライトマトの酒蒸し

調理時間 **20**分

アサリと昆布ぽん酢のうまみが
ドライトマトの甘酸っぱさと絶妙にマッチ

材料(2人分)

- ドライプチトマト…6個
  （なければ通常のドライトマト1個分）
- アサリ…400g
- えのき茸…1袋
- オリーブ油…小さじ2
- にんにく…1かけ
- ケッパー…大さじ1
- 酒…大さじ2
- 昆布ぽん酢…大さじ2
- イタリアンパセリ（粗切り）…少々

作り方

1. ドライプチトマトは水で戻す。アサリは砂抜きをし、塩をつけて殻をこすり洗いする。にんにくはたたきつぶす。えのき茸は根元を切り落とし、半分の長さに切ってほぐす。

2. 鍋にオリーブ油とにんにくを熱し、香りが出たら水気を切ったアサリとえのき茸を炒める。酒、昆布ぽん酢、ケッパー、ドライプチトマトを加えてふたをする。

3. あさりの口が開いたら器に盛り、イタリアンパセリを飾る。

第4章 昆布ぽん酢で絶品おつまみ

ツナのディップ

調理時間 **10**分

マヨネーズとぽん酢を合わせた
和風味のお手軽ディップ

材料（2人分）
- ツナ缶…1缶（80g）
- 玉ねぎ…30g
- らっきょう…1個
- A
  - マヨネーズ…大さじ1
  - 昆布ぽん酢…大さじ1
  - こしょう…少々
- チコリ（アンディーヴ）…適宜
- パン…適宜
- チリソース・バジルペースト・ピンクペッパー・バジルの葉…各少々

作り方
1. らっきょうと玉ねぎはみじん切りにし、水にさらして臭みを取り、水分を絞る。
2. 水気を切ったツナ、①、Aを混ぜる。
3. お好みでチコリやパンにのせ、チリソースやバジルペーストなどもちらしていただく。

かまぼことわさび漬けの ぽん酢がけ

調理時間 **5分**

わさびと昆布ぽん酢が香り立つ
日本酒好きにはたまらない和のおつまみ

材料（2人分）

- かまぼこ…80g
- きゅうり…1本
- わさび漬け…大さじ2
- 昆布ぽん酢…大さじ2

作り方

1. かまぼこはいちょう切りにする。きゅうりは両端を落とし、塩をまぶして板ずりして洗い、小口切りにする。
2. わさび漬けと昆布ぽん酢を混ぜ、①を和える。

第4章 昆布ぽん酢で絶品おつまみ

ホタテとチンゲン菜の磯辺和え

調理時間 **10**分

のりと昆布ぽん酢のまろやかなうまみが
ホタテにしっかりからみます

材料（2人分）

- ホタテ貝柱（刺身用）…6個
- 塩…ひとつまみ
- 酒…小さじ1
- チンゲン菜…1株
- ゆで卵…1/2個分
- 焼きのり…1枚
- 昆布ぽん酢…大さじ3

作り方

1. ホタテ貝柱は半分に切り、酒と塩をまぶして5分置き、さっと霜降りしてざるにあげ、あおいで冷ます。
2. チンゲン菜は、さっと塩ゆでしてざるに上げ、あおいで冷まして4cm長さに切る。
3. のりは細かくちぎり、すり鉢に入れ、昆布ぽん酢を加えてなめらかになるまで混ぜる。
4. ③に①とチンゲン菜を加えて和え、器に盛り、裏ごししたゆで卵を飾る。

第4章 昆布ぽん酢で絶品おつまみ

白和え

**白ごまとさっぱりしたぽん酢が
豆腐と野菜にしっかりとからみます**

調理時間 **25分**

材料（2人分）

- 木綿豆腐…1/2丁
- 鶏ささみ…2本
- 塩…ひとつまみ
- にんじん…30g
- しいたけ…1個
- ぎんなん…6個
- ほうれん草…40g

A
- だし汁…1カップ
- 昆布ぽん酢…大さじ2

B
- 白ごまペースト…大さじ1
- 砂糖…小さじ1
- 昆布ぽん酢…大さじ2

作り方

1. 豆腐はペーパータオルに包んで重しをして、水気を切る。鶏ささみは筋を取り細切りにし、塩をまぶす。しいたけは薄切り、にんじんは短冊切り、ほうれん草は3cm長さに切る。

2. 鍋にAを沸かして、鶏ささみ、にんじん、しいたけ、ぎんなんを入れ、火を通し、最後にほうれん草を入れてざるにあげ、あおいで冷ます。

3. 豆腐を裏ごしし、Bと混ぜ、水気を取った②と和える。

桜エビ入り卵焼き

桜エビがふんわりと香る
上品な昆布ぽん酢の卵焼き

調理時間 20分

第4章 昆布ぽん酢で絶品おつまみ

材料（2人分）

- 卵…3個
- 桜エビ…5g
- 万能ねぎ（小口切り）…大さじ2
- <u>昆布ぽん酢…大さじ1</u>
- みりん…大さじ1
- 大根おろしのしぼり汁…大さじ2
- サラダ油…適量
- 大根おろし…適宜

作り方

1. ボウルに卵を割り入れて溶き、昆布ぽん酢、みりん、大根おろしのしぼり汁、桜エビ、万能ねぎを加えて混ぜる。10分ほど置いて桜エビに液体を吸わせる。

2. 卵焼き器にサラダ油を塗り、①の1/3量を流し込む。半熟になったら折り畳むように手前に寄せる。再度サラダ油を塗り、焼いた卵を奥に寄せる。手前にもサラダ油を塗って卵液の1/2を流しこみ、これを2回繰り返す。

3. 焼きあがったら巻きすで形を整えて切り分け、大根おろし、昆布ぽん酢を添える。

じゃことオクラの冷奴の土佐酢がけ

調理時間 10分

昆布ぽん酢で作る土佐酢は
まろやかでうまみが際立ちます

材料（2人分）

絹ごし豆腐…1丁
じゃこ…大さじ2
ごま油…大さじ1
オクラ…2本
カリカリ梅…1個
昆布ぽん酢…大さじ4
かつおぶし…1g

作り方

1. じゃこはごま油でカリカリに揚げるように炒め、油を切る。オクラはさっと湯通しして小口切りにする。カリカリ梅は5mm角に切る。
2. 昆布ぽん酢にかつお節を入れ、電子レンジで30秒加熱してしばらく置き、茶こしでこして土佐酢を作る。
3. 豆腐を4等分にして2切れずつ皿に盛り、①をのせて②をかける。

第4章 昆布ぽん酢で絶品おつまみ

雷こんにゃくのピリ辛

調理時間 10分

ピリ辛のこんにゃくに
昆布ぽん酢のうまみと酸味がマッチ

材料（2人分）

こんにゃく…1枚
塩…ひとつまみ
ごま油…小さじ1
唐辛子の輪切り…1/2本分
酒…大さじ1
昆布ぽん酢…大さじ2
みりん…大さじ1

作り方

1. こんにゃくは半分の厚みにして、かの子に切り込みを入れて、1.5cm角に切り、塩をまぶしてゆで、水気を切る。
2. 鍋にごま油を入れて熱し、①と唐辛子を入れて炒め、酒、昆布ぽん酢、みりんで煮て味を含ませる。

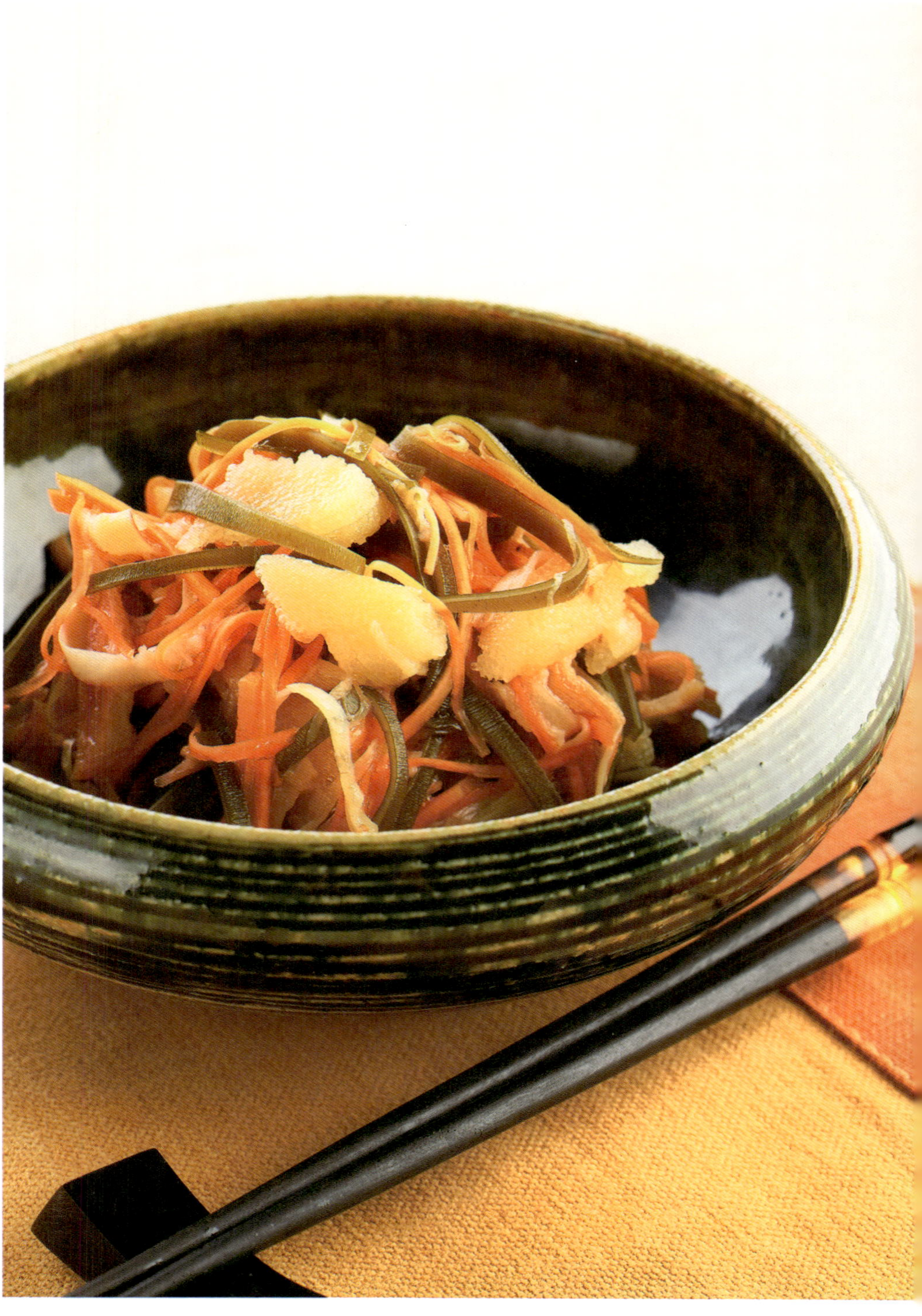

松前漬け

甘すぎず、辛すぎずの絶妙な味に決まる！
おつまみ用さきイカで漬け時間も短縮

調理時間 **70分**

材料（2人分）

かずのこ…2腹
さきイカ（おつまみ用）…30g
にんじん…1/2本
切り昆布…20g
<u>昆布ぽん酢…大さじ4</u>
みりん…大さじ2
酒…大さじ2

作り方

1. かずのこはたっぷりの水に1日漬けて塩を抜き、筋を取って5mm幅に切る。
2. にんじんは細切りにする。
3. 酒とみりんは600Wの電子レンジで約30秒加熱してアルコール分を飛ばす。
4. ボウルにすべての材料を入れて混ぜ、時々上下を返し、1時間以上漬ける。

納豆イカそうめん

とろとろ食感と大葉の香りが
日本酒にも焼酎にもよく合う

調理時間
5分

材料（2人分）

イカそうめん…100g
納豆…1パック
昆布ぽん酢…大さじ2
大葉…5枚

作り方

1 大葉は1枚を千切りにする。
2 納豆は、添付のからしとたれと一緒に混ぜる。
3 ②に昆布ぽん酢、①、イカを加えて混ぜる。
4 器に大葉を2枚敷き、③を盛る。

第 5 章

どんぶりにもパスタにも

昆布ぽん酢の
ごはん・麺

カレーや炊き込みご飯、パスタなどでも
昆布ぽん酢は大活躍。
塩やしょうゆの代わりに加えるだけで
手早く、おいしく、仕上がります。

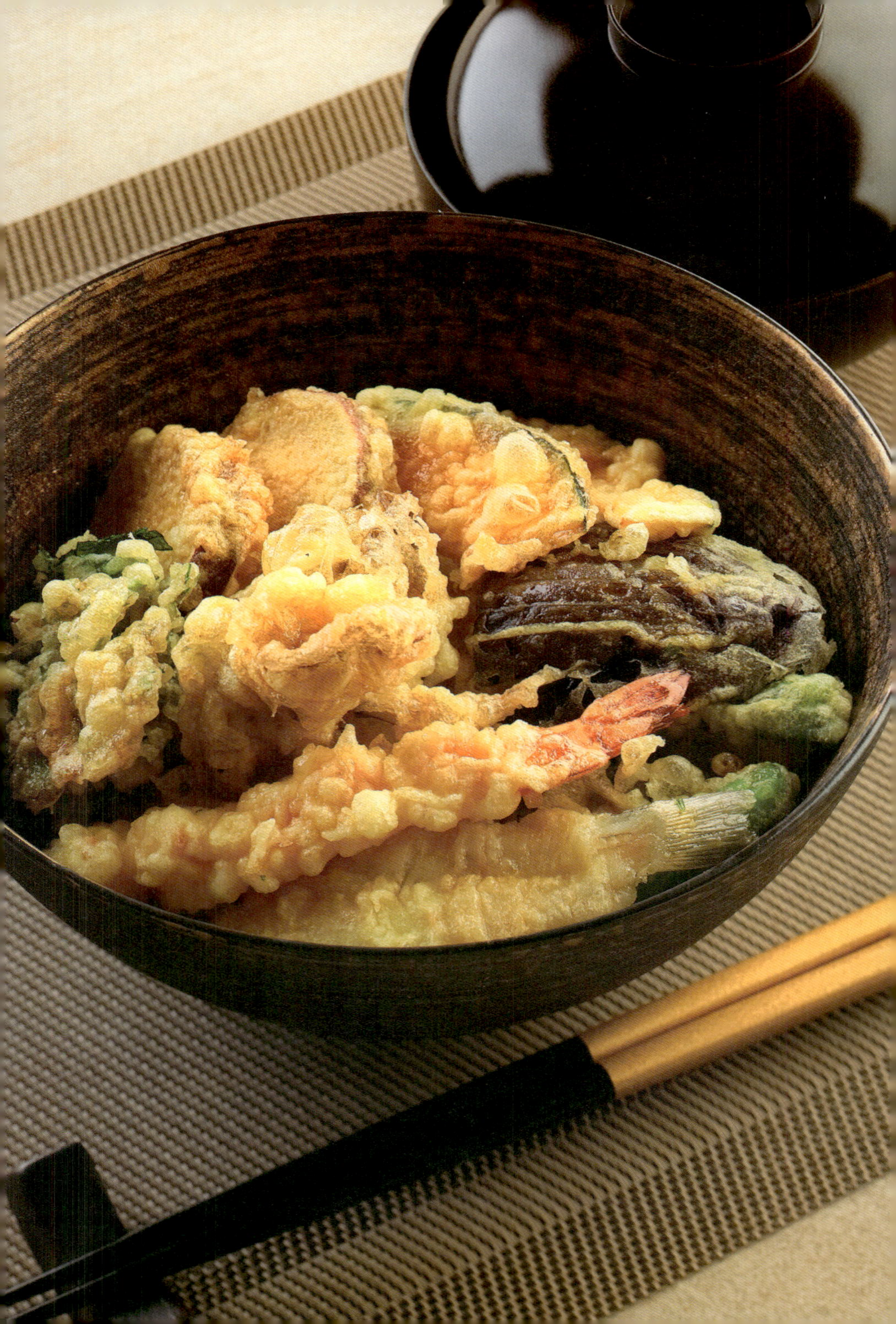

さっぱり天丼

昆布ぽん酢の天つゆで
すっきりした味わいの天丼に

調理時間 25分

材料（2人分）

- かぼちゃ…1/10個
- さつまいも…1/2本
- なす…1本
- まいたけ…1/2パック（約60g）
- ししとう…4本
- 大葉…2枚
- エビ…2尾
- キス（天ぷら用）…2尾
- 白飯…2人分

- 天ぷら粉…1カップ
- 冷水…1カップ
- 揚げ油…適量
- 昆布ぽん酢…大さじ1
- A | みりん…大さじ3
  | 酒…大さじ3
  | 昆布ぽん酢…大さじ3

作り方

1. かぼちゃは5mm厚さの薄切りに、さつまいもは7mm厚さの輪切りにする。なすはタテ半分に切ってから切り込みを入れる。まいたけは石づきを取り除いて2つにさく。エビは背ワタを取り、尻尾を残して殻をむき、隠し包丁を入れてすじをのばす。

2. 天ぷらの具材に適量の天ぷら粉をまぶす。

3. 衣を作る。天ぷら粉に冷水1/2カップを加えて軽く濃度がつくぐらい大きく混ぜ、②をくぐらせ揚げ油でカリっと揚げる。衣の濃度が濃くなりすぎたら冷水を加えて調整する。

4. Aをとろみがつく程度煮詰めて火を止め昆布ぽん酢大さじ1を加え混ぜる。

5. 白飯にさっぱり天つゆをかけ、揚げたてのてんぷらを盛り、上からも軽く天つゆをかける。

第5章 昆布ぽん酢のごはん・麺

炊き込みごはん

昆布ぽん酢でだしいらず！
具材にうまみがしみ込んだ一品です

調理時間 **30**分

材料（2人分）

米…2合
鶏もも肉（皮なし）…120g
しいたけ…2枚
にんじん…40g
ごぼう…40g

A
- 水…360cc
- 酒…大さじ1
- みりん…大さじ1
- 昆布ぽん酢…大さじ4

万能ねぎ（小口切り）
　…大さじ1

作り方

1. 米はといでざるにあげ、30分置く。
2. 鶏もも肉は1cm角に切り、しいたけは薄切り、にんじんは短冊切り、ごぼうは斜め薄切りにする。
3. 鍋にAを沸かし、②を入れて2〜3分煮て火を止め、煮汁ごと粗熱を取る。
4. 鍋に米と③を入れてふたをして強火にかける。沸騰したら弱火で10分火を通し、火を止めて10分蒸らす。
5. 器に盛り、万能ねぎを散らす。

第5章 昆布ぽん酢のごはん・麺

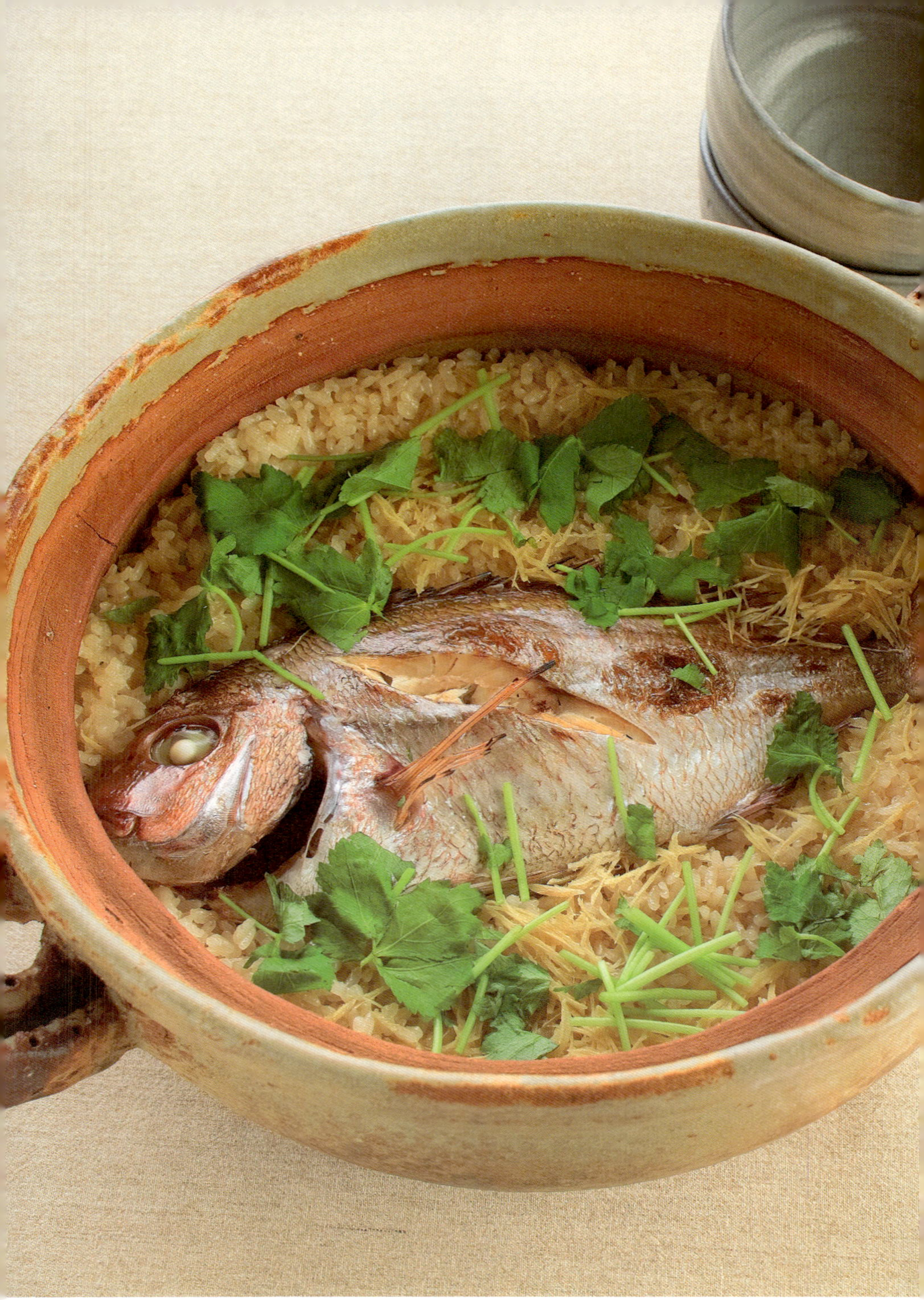

鯛めし

昆布ぽん酢と三つ葉が香る
鯛をまるごと炊いたごはん

調理時間
40分

材料（2人分）

鯛…1尾（500g）
三つ葉…1/4袋
しょうが…ひとかけ
酒…小さじ2
昆布ぽん酢…小さじ2
米…3合

A │ 昆布ぽん酢…大さじ4
　 │ 酒…大さじ1
　 │ 水…540cc

作り方

1. 米はといでざるにあけ、30分置く。三つ葉は2cm長さに切り、しょうがは千切りにする。

2. 鯛はうろこと内臓を取り、酒と昆布ぽん酢をまぶして10分置き、魚焼き器で表面をこんがり焼く。

3. 鍋に米、Aを入れ、②をのせる。ふたをして強火にかけ、沸騰したら弱火にして10分炊き、火を止めてしょうが、三つ葉を散らし、10分蒸らす。

第5章 昆布ぽん酢のごはん・麺

アボカドトマト丼

さっぱり風味とまろやか風味
2つの味わいが魅力のフレッシュ丼

調理時間 **15**分

材料（2人分）

トマト（小）…2個
アボカド…1個
白飯…どんぶり2杯分
かいわれ大根…10g

A
| 昆布ぽん酢…大さじ2
| 柚子こしょう…小さじ1/2
| オリーブ油…大さじ1

B
| マヨネーズ…大さじ2
| 昆布ぽん酢…大さじ2
| ねりわさび…小さじ1

作り方

1　トマトは1.5cm角に切る。Aを混ぜてトマトと和える。

2　アボカドは果肉を1.5cmに切る。Bを混ぜてアボカドと和える。

3　白飯を盛り、周囲に②をのせ、中央に①をのせる。

4　3cm長さに切ったかいわれ大根を飾る。

第 5 章 昆布ぽん酢のごはん・麺

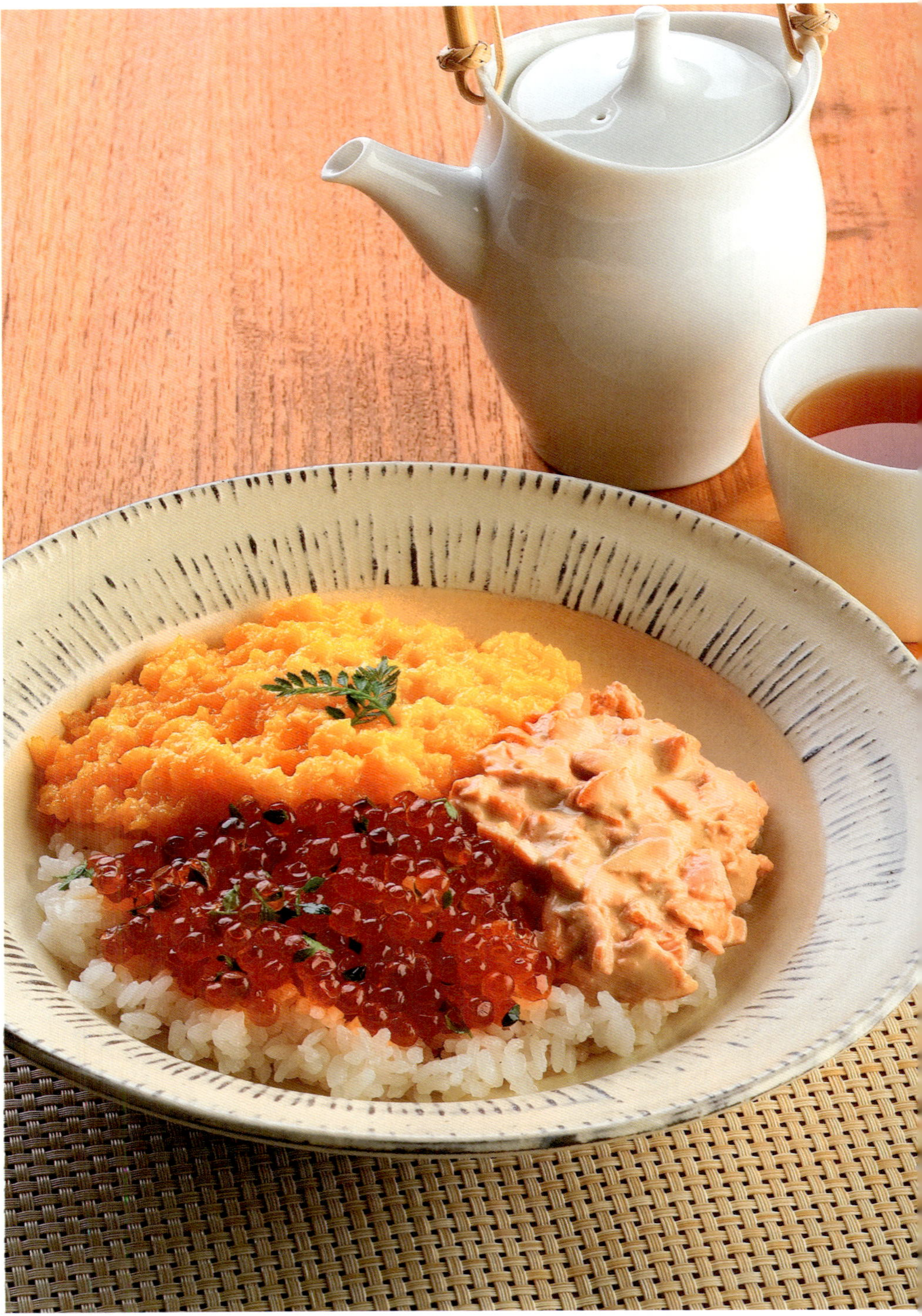

イクラと卵と鮭チーズの三色丼

調理時間 **20分**

具材のハーモニーが楽しい
うまみたっぷりの贅沢どんぶり

材料（2人分）

白飯…2皿分
木の芽…少々

<とろとろ煎り卵>
卵…2個
A ┃ 砂糖…大さじ1
　┃ みりん…大さじ1
　┃ 塩…小さじ1/3

<イクラぽん酢>
イクラ…80g
昆布ぽん酢…大さじ1
みりん…大さじ1

<鮭チーズ>
焼き塩鮭…1切れ
クリームチーズ…40g
昆布ぽん酢…大さじ1

作り方

1. とろとろ煎り卵を作る。鍋に卵を割り入れ、Aを加えてよく混ぜながら弱火にかけ、とろとろの状態にする。

2. いくらぽん酢を作る。昆布ぽん酢とみりんを混ぜて電子レンジで15秒加熱し、アルコールを飛ばす。冷ましたあと、いくらと混ぜる。

3. 鮭チーズを作る。クリームチーズを室温でやわらかくし、昆布ぽん酢を少しずつ加えながら混ぜのばし、焼き塩鮭をほぐして和える。

4. どんぶりに白飯を盛り、①、②、③を彩りよくのせ、木の芽を飾る。

タラコスパゲティ

調理時間 20分

昆布ぽん酢で後味すっきり。
タラコとイカのフレッシュパスタ

作り方

1. 水菜は3cm長さに切り、大葉は千切りにして水にさらす。タラコは薄皮を取る。
2. ボウルに溶かしバター、オリーブ油、昆布ぽん酢を入れておく。
3. パスタは塩（分量外）を加えた熱湯でゆでる。②に熱々のパスタとタラコ、水菜、イカを加え、ゆで汁で濃度を調節しながら和える。
4. 皿に盛り、大葉とのりを飾る。

材料（2人分）

- パスタ（フェデリーニ）…160g
- タラコ…1腹（80g）
- イカそうめん…80g
- 大葉…4枚
- 水菜…25g
- 溶かしバター…25g
- オリーブ油…25g
- 昆布ぽん酢…大さじ2
- 切りのり…ふたつまみ

きのこの和風スパゲティ

調理時間 **20分**

きのこのだしとと昆布のうまみがマッチ！
味わい豊かなスパゲッティ

作り方

1. ベーコンは1cm幅、アスパラガスは斜め薄切り、エリンギ、まいたけ、しいたけはひと口大に切る。
2. パスタを塩（分量外）を加えた熱湯でゆでる。
3. フライパンににんにく、バター、オリーブ油を熱し、香りが出てくれば、ベーコンときのこを加え香ばしく炒める。白ワインを加えてアルコール分を飛ばし、昆布ぽん酢を加える。
4. ゆでたてのパスタとアスパラガスを加え、塩、こしょう、ゆで汁で味を調える。

材料（2人分）

- パスタ（フェデリーニ）…160g
- スライスベーコン…60g
- アスパラガス…2本
- エリンギ…50g
- まいたけ…50g
- しいたけ…50g
- にんにく（みじん切り）…少々
- バター…大さじ1
- オリーブ油…大さじ1
- 白ワイン…大さじ1
- 昆布ぽん酢…大さじ2
- 塩…少々
- こしょう…少々

第5章 昆布ぽん酢のごはん・麺

サンマの蒲焼丼

脂の乗ったさんまと昆布ぽん酢が
野菜にもごはんにもよく合います

調理時間 **30分**

作り方

1. サンマは3枚におろし、1尾を4等分に切る。身に塩を軽くふってしばらく置き、水分を取ってから小麦粉をはたく。
2. パプリカはひと口大に切る。レタスは細切りにする。
3. フライパンにオリーブ油を熱し、パプリカとさんまを両面こんがり焼き、Aを加えて煮からめる。
4. どんぶりに白飯を盛り、レタスを敷き、③をのせる。煮汁をかけ、くるみをのせる。

材料（2人分）

- サンマ…2尾
- 赤パプリカ…1/2個
- レタス…3枚
- くるみのオーブン焼き…大さじ2
- 白飯…どんぶり2杯分
- 小麦粉…大さじ1
- オリーブ油…小さじ2
- A
  - 酒…大さじ3
  - みりん…大さじ3
  - 昆布ぽん酢…大さじ3

第5章 昆布ぽん酢のごはん・麺

焼うどん

調理時間 **20分**

いつもの焼きうどんが
オイスターソースと昆布ぽん酢でコクまろに

作り方

1. 豚ばら肉は2cm長さ、長ねぎは斜め薄切り、しめじはほぐし、ピーマンとにんじんは短冊に切る。
2. フライパンにサラダ油としょうがを熱し、豚ばら肉、長ねぎ、にんじん、しめじ、ピーマンの順で加えながら炒める。
3. うどんを加えて炒め、Aを加えて味を調える。
4. 皿に盛り、紅しょうが、かつおぶしを飾る。

材料（2人分）

- うどん…2玉
- 豚ばら肉（スライス）…100g
- 長ねぎ…1/2本
- しめじ…50g
- ピーマン…1個
- にんじん…50g
- サラダ油…小さじ2
- しょうが（薄切り）…1片分
- A
  - 酒…大さじ1
  - オイスターソース…大さじ1
  - 昆布ぽん酢…大さじ3
  - こしょう…少々
- 紅しょうが…10g
- かつおぶし…ふたつまみ

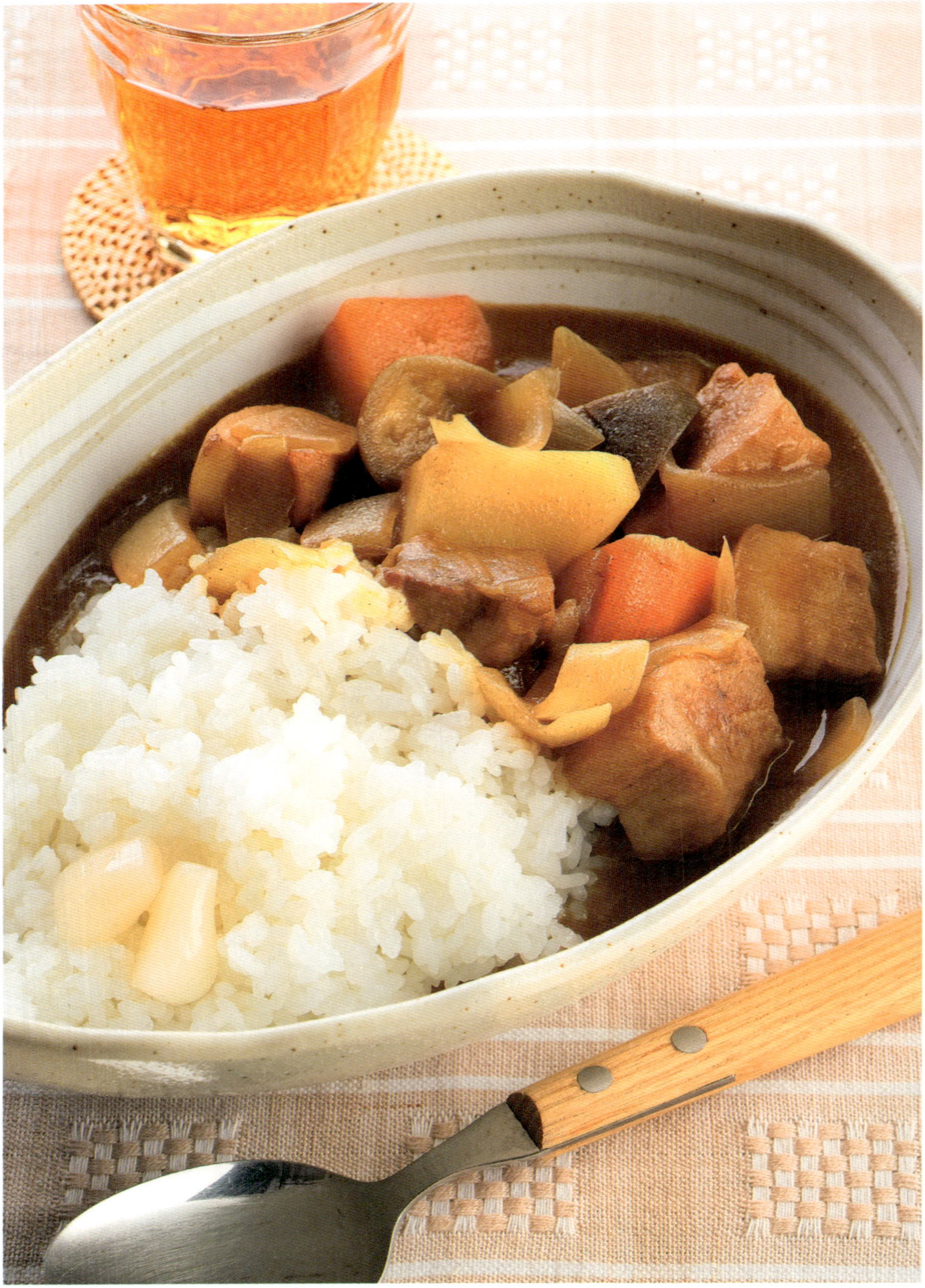

さっぱりカレーライス

調理時間 30分

昆布ぽん酢のマジックで
さわやかなのに深みのある味わいに

材料（2人分）

玉ねぎ…1個	水…2と1/2カップ
にんじん…1/2本	昆布ぽん酢…大さじ5
じゃがいも…1個	リンゴ（すりおろし）…1/4個分
なす…1本	カレールウ…50g
サラダ油…大さじ1	にんにく（すりおろし）…少々
塩…少々	しょうが（すりおろし）…少々
こしょう…少々	白飯…2皿分
豚肉（カレー用）…300g	らっきょう…4個

作り方

1 玉ねぎ、にんじんはひと口大に切る。じゃがいも、なすはひと口大に切って水に漬け、でんぷんとあくを抜く。

2 フライパンにサラダ油を熱し、塩、こしょうをまぶした豚肉を入れこんがり焼き色をつける。

3 玉ねぎ、にんじんを加えてよく炒め、じゃがいもとなすを加えてさらに炒める。

4 水と昆布ぽん酢とリンゴのすりおろしを加え、沸騰したらあくを取りながら15分煮込む。野菜がやわらかくなればカレールウ、にんにく、しょうがを加えて味を調える。

5 器に白飯を盛り、カレーをかけ、らっきょうを添える。

第5章 昆布ぽん酢のごはん・麺

天津飯のぽん酢あん

アツアツのぽん酢あんが食欲をそそる
ふわふわ卵の天津飯

調理時間 25分

作り方

1. しいたけはスライスし、カニカマボコはほぐす。
2. 溶いた卵に、塩、こしょう、牛乳、しいたけを加えて混ぜる。
3. フライパンにサラダ油小さじ2を熱し、②の半量を流し、大きく混ぜる。半熟になったらひっくり返して裏も焼き、白飯の上にのせる。同様にもうひと皿分作る。
4. ③のフライパンにサラダ油小さじ1を入れ、しょうが、カニカマボコを炒め、Aを加えて混ぜる。グリンピースを加え、ほどよい濃度になったら、③にかける。

材料（2人分）

- 卵…4個
- しいたけ…2枚
- カニカマボコ…80g
- 塩…少々
- こしょう…少々
- 牛乳…大さじ2
- サラダ油…小さじ5
- 白飯…2皿分
- しょうが（千切り）…少々
- A
  - ケチャップ…大さじ2
  - 酒…大さじ1
  - 昆布ぽん酢…大さじ3
  - 片栗粉…大さじ1/2
  - 砂糖…小さじ1
- グリンピース（塩ゆで）…24粒

豚しゃぶそうめん

さわやかな薬味おろしぽん酢が
お肉と麺にうまみをプラス

調理時間 **10分**

材料（2人分）

豚肉（しゃぶしゃぶ用）…120g
そうめん…2把（100g）
A ┃ 大根おろし…180g
　┃ しょうが（すりおろし）…2片
　┃ 大葉（みじん切り）…2枚分
　┃ 昆布ぽん酢…大さじ4
大葉・梅干し・海草ミックス・たくあん（細切り）
　…適宜

作り方

1 そうめんはゆでて冷水で冷やす。
2 豚肉は、沸騰しない程度の湯でしっとり火を通し、ザルにあげる。
3 Aを合わせて薬味おろしぽん酢を作る。
4 皿にそうめん、①、大葉、梅干し、たくあんをのせ、③を添える。

第5章　昆布ぽん酢のごはん・麺

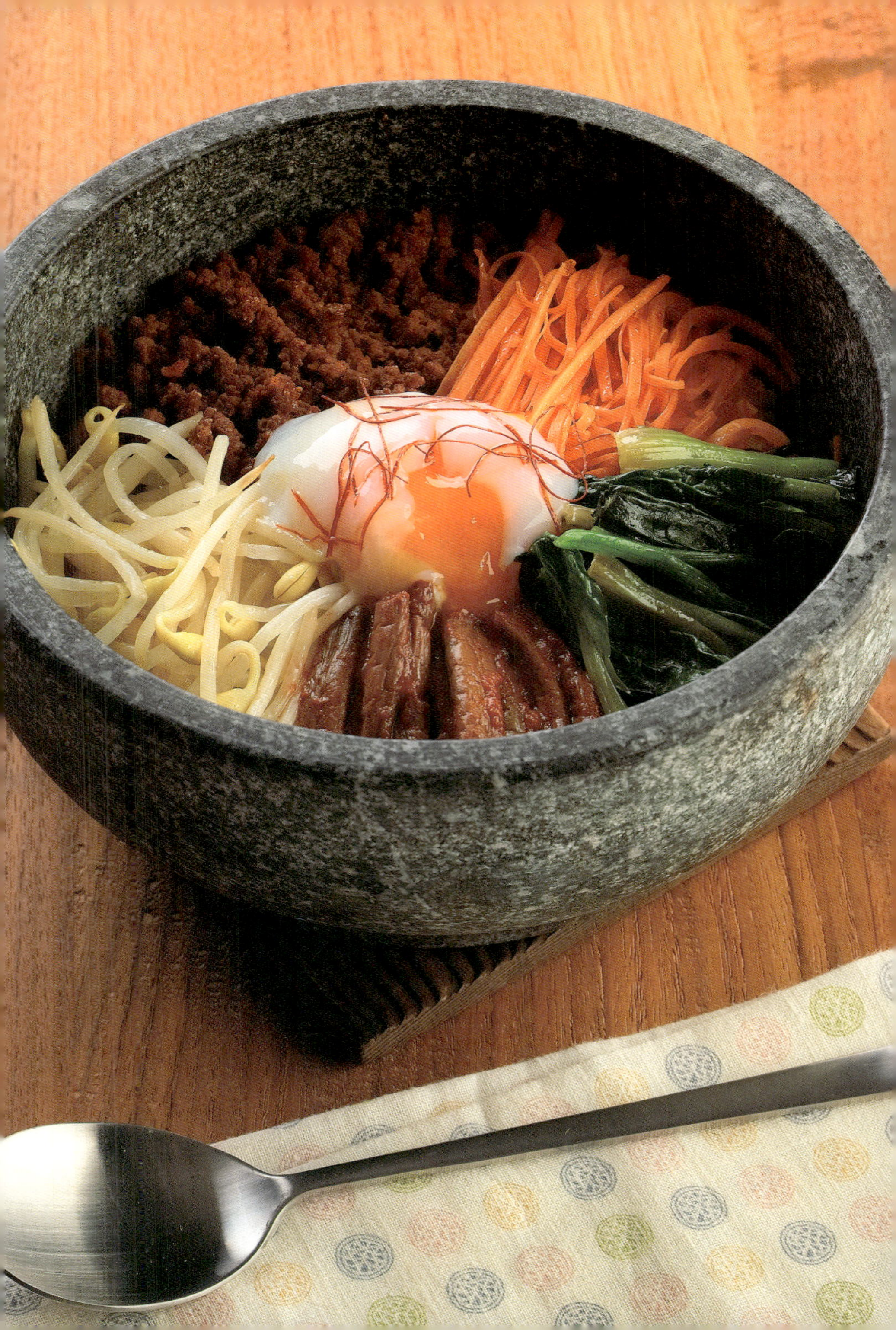

石焼きビビンパ

昆布ぽん酢でささっとナムル。
焼かなくてもおいしくいただけます

調理時間 **30分**

材料（2人分）

- にんじん（千切り）…60g
- 牛ひき肉…100g
- 豆もやし…60g
- ぜんまいの水煮…60g
- ほうれん草…60g
- 塩…少々
- こしょう…少々
- 酒…小さじ1
- 砂糖…小さじ1
- コチュジャン…小さじ2
- ごま油…小さじ5
- 昆布ぽん酢…60cc
- 温泉卵…2個
- 糸唐辛子
- 白飯…どんぶり2杯分

作り方

1. 鍋にごま油を熱しにんじんを炒め、昆布ぽん酢大さじ1を加える。
2. 牛ひき肉に酒、昆布ぽん酢大さじ1、砂糖、コチュジャン小さじ1を加えて混ぜ、ごま油を熱したフライパンでぱらぱらに炒める。
3. ほうれん草は塩ゆでして3cm長さに切り、昆布ぽん酢小さじ2と和える。
4. 鍋にごま油を熱してぜんまいを入れ、昆布ぽん酢大さじ1、コチュジャン小さじ1を加えて炒める。
5. 豆もやしは塩ゆでして、昆布ぽん酢小さじ1、ごま油、こしょうを和える。
6. 火にかけた石鍋にごま油小さじ2を熱し、白飯を入れてナムルを彩りよく並べる。温泉卵を中央に落とし、糸唐辛子を飾る（フライパンで作ってもよい）。

第5章 昆布ぽん酢のごはん・麺

食材別INDEX

野菜・果物

アスパラガス ……… 46, 117
アボカド ……… 114
いんげん ……… 56, 67
えのき茸 ……… 53, 68, 92
エリンギ ……… 82, 117
大葉 ……… 55, 80, 104, 116, 123
オクラ ……… 100
キャベツ ……… 38, 44, 50, 66
きゅうり ……… 26, 30, 32, 33, 95
ゴーヤ ……… 78
ごぼう ……… 36, 45, 60, 70, 108
里芋 ……… 26, 89
しいたけ ……… 38, 42, 60, 98, 108, 117, 122
じゃがいも ……… 56, 58, 64, 120
しょうが ……… 30, 38, 44, 45, 54, 55, 56, 60, 66, 69, 70, 80, 84, 110, 119, 120, 122, 123
ズッキーニ ……… 64, 76
セロリ ……… 16, 20, 28, 34
大根 ……… 32, 40, 45, 46, 64, 83, 99, 123
たけのこ ……… 54, 58, 54
玉ねぎ ……… 18, 26, 28, 40, 42, 56, 62, 64, 76, 86, 94, 120
チンゲン菜 ……… 69, 96
トマト ……… 21, 30, 58, 66, 68, 76, 80, 112
なす ……… 69, 76, 106, 120
にら ……… 44, 52
にんじん ……… 27, 28, 32, 38, 45, 55, 56, 60, 73, 83, 98, 102, 108, 119, 120, 125
にんにく ……… 16, 44, 58, 68, 76, 90, 92, 117, 120
ねぎ ……… 30, 33, 38, 40, 42, 44, 45, 54, 55, 69, 70, 80, 84, 86, 99, 108, 119
パプリカ ……… 36, 44, 58, 67, 76, 84, 118
ピーマン ……… 58, 84, 119
プチトマト ……… 16, 28, 50, 92
ブロッコリー ……… 48, 62
ほうれん草 ……… 98, 125
まいたけ ……… 107, 117
マッシュルーム ……… 50, 90
水菜 ……… 72, 89, 116
もやし ……… 22, 30, 125
リンゴ ……… 18, 120

レタス	68, 118
れんこん	38, 89

肉・肉加工品

合びき肉	67
牛肉	42, 56, 64, 72, 84, 124
牛白モツ	45
鶏肉	30, 36, 40, 46, 48, 50, 81, 86, 98
ハム	26, 54, 76
豚肉	38, 44, 48, 50, 52, 66, 69, 83, 119, 120, 123
ベーコン	117
ランチョンミート	78

魚・魚介・魚介加工品

アサリ	92
アナゴ	89
かずのこ	102
イカ	28, 62, 102, 104, 116
イクラ	114
イワシ	55
エビ	22, 62, 90, 99, 106
オイルサーディン	68
カレイ	70
クラゲ	34
鮭（サケ）	18, 74, 114
サンマ	118
スズキ	16
鯛（タイ）	24, 110
タコ	33
タラコ	116
ホタテ（貝柱）	62, 96
マグロ	24, 88

その他

うどん	119
オリーブ	20
クリームチーズ	114
ごま	30, 34, 98
米（白飯）	107, 108, 110, 112, 114, 118, 120
こんにゃく	52, 60, 101
そうめん	123
卵	26, 52, 54, 62, 68, 76, 78, 80, 96, 99, 114, 122, 124
豆腐	42, 52, 54, 78, 98, 100
納豆	104
パスタ	116, 117
ミックスビーンズ	20
モッツァレラチーズ	21

レシピ制作
川上文代

Delice de cuilleres（デリス・ド・キュイエール）川上文代料理教室（東京・渋谷）主宰。千葉県館山クッキング大使。幼少から料理に興味を持ち、大阪阿倍野辻調理師専門学校卒業後、同校職員として大阪校、フランス・リヨン校、エコール辻東京にてプロの料理人育成につとめる。テレビをはじめとする各メディア出演や各地での公演など、多方面で活躍。近著に『電子レンジ圧力鍋でらくらく絶品メニュー105』（文化出版局）など著書多数。

ヤマサ社員のとっておきからプロの技まで！
ヤマサ昆布ぽん酢のおいしいレシピ

2013年4月20日　初版発行

協力	ヤマサ醤油株式会社
レシピ制作・調理	川上文代
調理協力	田伏綾子、猪野敬子、師岡美奈子、江川しづく、山崎里恵、室伏一恵、藤原温恵、飯田香津子、梅木紀子
編集	富永玲奈（artsupply）
デザイン	山﨑恵（artsupply）
撮影	高橋宣仁
スタイリング	蔭山麻子（アースワーク）、菊池麻衣（アースワーク）
印刷・製本	株式会社光邦
発行者	佐藤秀一
発行所	東京書店株式会社　〒160-0022　東京都新宿区新宿1-19-10-601　TEL.03-5563-0550　FAX.03-5363-0552　http://www.tokyoshoten.net　郵便振替口座　0018-9-21742

Printed in Japan
ISBN 978-4-88574-992-6

※乱丁本、落丁本はお取替えいたします。
※無断転載禁止、複写、コピー、翻訳を禁じます。